DU MÊME AUTEUR

Os troubles sur le Bassin
SO Noir, 2018

Les Bassins à flot et à sang
SO Noir, 2018

Panique au Grand Hôtel
SO Noir, 2019

Le Fugitif de l'île aux Oiseaux
SO Noir, 2020

FRANÇOIS
FERBOS

PINASSE DES CARAÏBES

ROMAN

SO noir

Création graphique et travail éditorial : Pierre Moquet
Ce livre a été imprimé par CPI Print
N° ISBN : 978-2-8177-0827-0

1

COMME ON FAIT SON LIT...

Vincent modifiait pour la troisième fois les amarres de son voilier. Avec une patience infinie, il pouvait passer des heures à mollir un cordage, à en raidir un autre, à relever un pare-battage pour baisser le suivant. Puis il recommençait, et réglait une nouvelle fois leur tension jusqu'à ce qu'enfin, le bateau se dandine aisément, à l'unisson de son ponton flottant.

Si ce soir-là, il apportait plus qu'à l'habitude un soin maniaque à l'amarrage de son bateau, c'était pour tromper l'ennui d'une attente qui lui semblait étonnamment longue. En effet, il avait rendez-vous avec son vieil ami Dédé qui ne pointait sur le quai du port d'Arcachon ni son nez, ni le capot de sa vénérable 4 L. Ils devaient aller dîner ensemble chez *Diego*, boulevard de la plage.

Ce repas était l'enjeu d'un pari perdu par Vincent – comme souvent. Les deux amis avaient pour habitude de se défier par des devinettes plus ou moins loufoques, dont l'enjeu était toujours une bonne table. Dédé, vieux filou qui aimait qu'on le prenne pour plus idiot qu'il n'était, ne pariait qu'à coup sûr... alors que l'impétueux Vincent s'engageait imprudemment sur des sujets dont il ignorait tout. Il perdait stoïquement, avec une dignité et une sportivité surprenante.

Ce rituel étrange dissimulait en réalité une forme de pudeur, d'élégance.

Dédé n'avait pour seul revenu qu'une maigre retraite de cheminot, tandis que Vincent disposait de confortables subsides. Ils aimaient autant l'un que l'autre la bonne chère, et n'imaginaient pas passer un mois sans se voir ni partager une table. Ce qui n'était certainement pas dans les moyens de Dédé… Alors, Vincent s'était mis à perdre de plus en plus souvent leurs paris, pour qu'ils ne soient pas forcés d'espacer leurs rencontres. Dédé était-il dupe ? On ne le saurait jamais.

Pointes, traversiers, gardes, estropes… autant de noms servant à désigner des cordages identiques ou presque, mais aux fonctions multiples et variées, tous destinés à immobiliser – avec autorité et délicatesse – le bateau à son poste d'amarrage. Le but : que le voilier soit maintenu fermement à quai, contre son catway, sans jamais le toucher ; ou alors s'y frotter tout en conservant de l'aisance, pour amortir les rafales et le clapot, et ne pas se faire violemment rappeler à l'ordre par une amarre trop nerveuse ou revêche.

Le retard de Dédé dépassait la demi-heure. Vincent commençait à fulminer.

— Il connaît d'autant mieux mon obsession de la ponctualité qu'il la partage. C'est pas possible, il se fout de moi ! Il veut me faire comprendre que je ne suis pas seul au monde, qu'il a d'autres centres d'intérêt, que je ne suis pour lui qu'un divertissement parmi d'autres… salopard de Dédé ! Je vais lui tirer une gueule de deux mètres.

Il fallait également veiller à ce que les cordages ne s'usent pas sur un point de ragage, faute de quoi ils se retrouveraient sciés en quelques heures.

— Pas de doute, il se paye ma tronche... Il répond même pas au téléphone ! C'est sûr, il est en train de vadrouiller sur *Marie-Thérèse* entre le chenal du Teychan et celui de Mapouchet, et il n'en a rien à secouer de son pote Vincent. Tout à l'heure, au port de La Teste, tu vas voir qu'il va débarquer de sa pinasse déglinguée en brandissant un congre de deux mètres et qu'il se fera photographier, rigolard, la clope au bec et le crâne luisant, par deux jolies touristes scandinaves lâchant de drôles de petits cris effarouchés. À moins que son téléphone soit en rideau ? Ou alors, il l'a encore foutu à la baille...

L'exercice de l'amarrage était une telle science que les skippeurs d'expérience, arpentant les pontons, s'autorisaient à juger les autres navigateurs selon ce seul critère. Souvent, ces derniers « n'amarraient » pas : ils accrochaient leurs embarcations comme on attacherait une chèvre à son piquet, ou comme on ficèlerait une botte de poireaux. Et au jeu des comparaisons, on pouvait constater que les pires d'entre les sagouins maritimes étaient les possesseurs de bateaux à moteur. Ces périssoires étaient d'ailleurs communément qualifiées de « lave-vaisselle » par les voileux tant elles brassaient inutilement de l'eau, produisaient autant de bulles que de bruit et de fumée, le tout avant même de commencer à avancer et encore bien après leurs périlleux voyages au bout de la jetée.

— Mais qu'est-ce qu'il fout, cet abruti ?

L'agacement de Vincent se mua progressivement en inquiétude. D'abord une inquiétude sourde encore mâtinée d'irritation, puis vint ce qu'il appelait la trouille, cette mauvaise peur qui paralysait autant l'esprit que le corps, celle qui interdisait toute logique, qui voûtait les épaules d'un corps déjà soumis, prêt à tenter d'encaisser une terrible nouvelle.

Vincent soupira bruyamment et alluma une cigarette. Dans son métier de flic, il avait appris à chasser les sombres pensées et les idées toxiques ; c'était devenu une sorte de réflexe de protection.

Il se mit à admirer *Méa*.

C'était son voilier, un First 38 S 5 dessiné par l'architecte Jean Berret, âgé de plus de trente ans. Sa coque, polie deux fois par an, indemne de la moindre rayure, brillait comme au premier jour. Elle reflétait comme un miroir les vaguelettes et les rayons de soleil doux et chauds des soirées du bassin d'Arcachon. Les inox de *Méa*, passés à l'eau douce et à la peau de chamois, exempts de toute trace de calcaire ou de sel, scintillaient fièrement. Quant aux cordages, dessalés à chaque retour et restés agréables sous la main, ils étaient soigneusement lovés sur le pont ou dans les hiloires.

Au-delà de la satisfaction du skipper de posséder un bateau soigné et bien tenu, aux manœuvres claires et en bon état, il s'agissait d'étiquette navale. Un seul coup d'œil sur le pont d'un bateau et le jugement tombait. Un sac-poubelle abandonné plus d'une minute sur un banc de cockpit ? Une drisse qui frappait sans arrêt le mât en aluminium ? Un slip pendu dans les filières du bastingage ? Voilà qui suffisait à classer définitivement le propriétaire du malheureux voilier parmi la lie de l'humanité.

2

LA CARPE ET LE LAPIN

Sur le port, nombreux étaient ceux qui se demandaient, depuis bien longtemps, ce que Vincent et Dédé, pourtant si différents, pouvaient bien fabriquer si souvent ensemble. Et depuis que Jean, le maître de port, avait appris aux habitués des pontons que Vincent et Dédé n'étaient même pas apparentés, l'incompréhension était totale sur les quais. Certains camarades affublaient le duo de sobriquets plus ou moins affectueux… Cela allait de « Don Quichotte et Sancho Panza » à « La croix et la bannière », en passant par l'énigmatique « Roux et Combaluzier ».

Vincent approchait de la quarantaine, alors que Dédé était déjà sexagénaire. Vincent, de taille moyenne, était aussi puissant et sportif que Dédé était frêle et fragile. L'exubérance pileuse du premier surprenait, tant par sa tignasse indomptable que par la barbe lui bleuissant les joues dès quatorze heures… sans oublier l'espèce de moquette sombre recouvrant sa poitrine bronzée qui dépassait disgracieusement de son col de chemise. Or, Dédé au teint diaphane était presque chauve et parfaitement imberbe. Il prenait autant de soin de sa couronne de cheveux que de sa moustache d'une autre époque.

Leur indéfectible amitié s'était nouée sur l'eau. C'était il y avait bien longtemps... le jour où le paisible Dédé à la barre de sa pinasse baptisée *Marie-Thérèse* s'était portée au secours de Vincent et de *Méa* échoués, en très fâcheuse posture sur un banc de sable vasard. Depuis, le commissaire Vincent Laffargue – de la police judiciaire de Bordeaux – et André Dubosc dit Dédé – retraité de la SNCF, domicilié avec sa femme Simone à La Teste-de-Buch – avaient appris à bien se connaître. Ils constituaient désormais un drôle d'attelage qui avait pris ses habitudes dans quelques bars d'Arcachon, mais surtout chez un ami commun au cap Ferret : le fantasque russe Andreï Tovaritch.

Ensemble, ils avaient couru d'aventure en aventure, d'inquiétude en espoir et de drame en joie. Au gré de leurs tribulations, d'autres personnes d'horizons divers s'étaient jointes à eux, constituant une étrange tribu animée par l'amitié, l'amour et une certaine obsession pour la recherche du bonheur.

3

OBNUBILATION

L'heure passait et la vieille Renault de Dédé ne pointait toujours pas son nez cabossé sur la jetée du port. Vincent avait essayé plusieurs fois de le joindre sur son téléphone mobile, mais l'appareil s'obstinait à ne pas répondre. Soit la sonnerie de son téléphone était couverte par le bruit du moteur de sa pitoyable voiture, soit il avait oublié son appareil quelque part… comme souvent. Et probablement sur une étagère de sa vieille pinasse.

Vincent, taraudé par l'inquiétude, commençait à fermer les capots et hublots de *Méa* pour éviter de laisser pénétrer la condensation nocturne – toujours importante sur l'eau –, lorsque son téléphone, propulsé par son vibreur, traversa la table à carte en entonnant *La Marseillaise.*

C'était Simone. Cette femme douce et timide était l'ombre discrète de son invraisemblable Dédé de mari.

Elle n'avait pas pour habitude d'appeler Vincent, qui redouta immédiatement un événement funeste.

— Bonjour Simone. J'attends Dédé. Que se passe-t-il ?

— Vincent, y'a que Dédé est au plus mal. Nous sommes à l'hôpital Jean Hameau de La Teste. Il a repris connaissance, mais il délire. Il vous réclame. Il pense qu'il va mourir.

— Qu'est ce qui s'est passé ?

— Si vous pouvez venir, je vous expliquerai et Dédé sera content.

— J'arrive tout de suite.

Vincent sauta dans sa voiture et durant le court trajet essaya d'échafauder des hypothèses.

— Qu'est ce qui a bien pu se passer ? Accident de santé ? Accident de voiture ? Ou accident domestique, comme ils disent dans les médias lorsqu'un people a trop chargé sur la poudre à éternuer ?

*

Quelques minutes plus tard, il entrait dans la chambre d'hôpital de son ami et, bien que n'étant pas spécialement émotif, il reçut un sérieux choc.

Dédé, livide, le teint cireux de celui qui a déjà choisi le camp de Thanatos, était allongé comme un cadavre, les bras le long du corps, les yeux mi-clos. De sa bouche entrouverte ne sortait qu'un râle ténu mais régulier. Le lourd silence de la chambre était souligné par les *bips* têtus et sinistres d'un monitoring aux allures de tableau de bord d'un avion de ligne. Des tuyaux, des fils et des appareils en tout genre envahissaient la pièce, ainsi qu'une forte odeur de médicaments. Ce n'étaient que perfusions dans le bras, oxygène dans les narines, sondes diverses et autres dispositifs intrusifs, habituellement dévolus aux moribonds.

Simone chuchota à l'oreille de Dédé :

— C'est Vincent, il est là.

Dédé ouvrit plus grand ses yeux fiévreux et sourit tristement. Puis, d'une voix étonnamment faible, l'élocution hasardeuse, il souffla péniblement :

— Ah ! T'es là mon drôle. Ah, putain de moine, quelle aventure !

Pour éviter de fatiguer inutilement Dédé, Vincent, impatient d'en savoir plus, se tourna vers Simone.

— Alors, qu'est-ce qui s'est passé ?

— On ne sait pas trop. Il a été récupéré dans l'eau, cette nuit dans le chenal du Teychan.

— Vous voulez dire avec *Marie-Thérèse* ?

— Non non, il était dans l'eau, tout seul. Presque inconscient. Il flottait encore parce qu'il tenait une bouée.

— Qu'est-ce que c'est que cette histoire ?

— C'est un parqueur qui l'a repéré grâce à sa veste de quart rouge, qui a une bande réfléchissante dans le dos. L'ostréiculteur l'a hissé sur son bac-chaland et a averti les pompiers qui l'ont pris en charge sur le plan incliné du port d'Arcachon.

— Et qu'est-ce qu'il a ?

— Une hypothermie sévère. Il est tombé à 28° C, c'est limite pour son âge. Il a failli y rester. Et il délire. Il dit n'importe quoi. Le médecin dit que dans son cas, c'est normal. Il dit qu'il est atteint d'obnubilation – ça doit être un terme médical. En tout cas, Dédé n'arrête pas de vous réclamer. Il prétend qu'il a des choses importantes à vous dire… alors qu'il n'arrive même pas à parler correctement ! On comprend rien à ce qu'il raconte.

— Et *Marie-Thérèse* ?

— Disparue. On ne sait pas ce qu'elle est devenue. Probablement coulée.

— D'accord. C'est pas compliqué. Je vois d'ici le topo. Un grand classique. Il naviguait au moteur. Pour une raison ou une autre, probablement pour attraper son paquet de tabac, il s'est déplacé, il a glissé et il est passé par-dessus bord. Et la pinasse a continué toute seule. Parce que bien sûr, il n'a pas de coupe-circuit de sécurité ! Dieu sait où est *Marie-Thérèse* à l'heure qu'il est... Des coups comme ça, il en arrive tous les jours. Il s'en sort bien, parce que de nuit, il n'avait quasiment aucune chance d'être vu et récupéré. Déjà qu'en plein jour, c'est pas facile... Et puis, il aurait pu se faire découper par l'hélice de sa pinasse, autre accident classique, et se vider de son sang dans l'eau.

Dédé avait tout entendu. Il remua longuement la tête, puis la main droite en signe de dénégation, et se mit enfin à parler. L'élocution était toujours aussi lente et approximative.

— Non, non, non. C'est pas ça... pas ça du tout. Le sous-marin... c'est le sous-marin avec les Indiens... des enfoirés !

Vincent fut surpris, presque choqué. Simone s'approcha de lui pour le rassurer en lui chuchotant à l'oreille.

— Le médecin nous a dit que c'était pas grave. C'est toujours comme ça en cas d'hypothermie. Il dégoise. Demain, ça sera passé. Il devrait récupérer.

Mais, Dédé ne renonçait pas.

— Je suis pas tombé à l'eau, pas du tout. C'est les Indiens avec leur putain de sous-marin bleu ! Et l'autre ostréiculteur qui m'a attrapé, quelle brutasse... Pour me gauler, il m'a foutu un coup de gaffe dans le bénard, en plein là où il faut pas ! C'est un cousin Lavergne, tu vois de qui je parle ? Des tocards...

Dédé, hors d'haleine, s'interrompit avant de reprendre :

— Vincent, je compte sur toi pour me retrouver *Marie-Thérèse*, et foutre ces putains d'Indiens en cabane. Et on va leur couler leur saloperie de sous-marin de merde !

— Bien sûr Dédé, bien sûr. T'énerve pas. Repose-toi. Je reviens te voir demain.

Vincent les quitta plus inquiet qu'à son arrivée. Et si Dédé devenait fou ? Que deviendrait Simone sans son bonhomme ? Il se réjouit d'être en vacances et de n'avoir pas besoin de rentrer à Bordeaux. Il décida de rester à Arcachon, le temps que la santé de Dédé s'améliore. Il alla dîner à pied au centre-ville.

Depuis le port de plaisance, cela faisait une longue balade. On empruntait le chemin de planches construit sur la plage commençant au petit port pour aboutir à la jetée Thiers, tout près du carrousel de monsieur Chocolat.

L'histoire de Dédé l'avait rendu d'humeur particulièrement maussade. Son ami vieillissait et était de moins en moins solide. S'il se remettait de cet accident, pourrait-on le laisser continuer à sortir seul en mer ? Il aurait pu mourir. C'était même un miracle qu'il n'y soit pas resté. Ceci étant, interdire à Dédé de sillonner le bassin avec *Marie-Thérèse* reviendrait à le condamner à une petite mort. On ne pouvait pas faire ça…

4

MÉA COULE PAS

Cette affaire arrivait au mauvais moment pour Vincent. Il était en délicatesse avec sa femme Sylvie, et s'était amouraché de la jeune et jolie Mélissa... Tout cela le troublait terriblement, et il aurait bien préféré ne pas rester seul ce soir.

Après avoir dîné, il resta longtemps assis sur le parapet du boulevard, face à la plage centrale, dont le sable venait d'être joliment hersé. Avec l'obscurité, il ne voyait pas la gigantesque queue de baleine de Janssens Casteels dominant de plusieurs mètres la surface de la mer, mais il pouvait compter chaque éclat rouge – espacé de cinq secondes – que le phare du cap Ferret lançait avec obstination du haut de ses cinquante-deux mètres.

La fin du mois de septembre avait toujours eu quelque chose de magique sur le bassin d'Arcachon. Les estivants avaient rejoint les brumes septentrionales et leur familière frénésie de ruche urbaine. Les autochtones soupiraient, faisaient les comptes de l'été et avaient hâte de retrouver leur torpeur hivernale. L'eau de la mer avait emmagasiné, l'été durant, une douce chaleur. On guettait l'arrivée des cèpes et celle du mystérieux oiseau bleu qui annonçait l'ouverture de la chasse. Le jour et la nuit s'étaient enfin mis d'accord et se partageaient équitablement le cycle quotidien. L'équinoxe préparait quelques belles marées, que l'on consacrerait aux meilleures pêches à pied de l'année – les palourdes et les coques n'auraient qu'à bien se tenir. Les fraîcheurs nocturnes condensaient des larmes cristallines dont la végétation s'enivrait.

Lorsqu'il rejoignit *Méa*, une jolie brise de terre s'était levée et faisait tinter les drisses contre les mâts des voiliers, formant une gentille cacophonie. En fumant sa dernière cigarette dans le cockpit, il ressentit brutalement le froid et comprit qu'il devait autant cette sensation à la baisse de température qu'à sa mordante solitude. Il ferma hermétiquement les capots et alla se coucher dans un sac de couchage glacé et déroulé à la hâte dans le poste avant.

Sylvie lui manquait plus dans le bateau que nulle part ailleurs. *Méa* était leur nid, leur jardin secret. À son bord, ils avaient écumé tous les ports de Bretagne et du nord de l'Espagne. Ils avaient connu de nombreux moments de grande douceur et quelques furieuses tempêtes. À l'image de leur relation…

Méa s'en était toujours sorti vaillamment et sans la moindre avarie. C'était comme si la mauvaise mer l'excitait et que la pétole l'assagissait, l'accablait d'une torpeur indolente d'inspiration tropicale. Vincent et Sylvie lui en étaient profondément reconnaissants. La coque et le gréement de ce bateau étaient taillés pour la course-croisière, et il arborait fièrement son tempérament et ses ambitions.

Vincent savait parfaitement, et depuis longtemps, de quoi était capable cet étalon furieux ; aussi, il ne lui lâchait pas facilement la bride sur la barre. Il savait qu'au reaching sous gennaker par vingt nœuds – ou, pour parler de façon vulgaire, par un vent de travers de trente-cinq kilomètres par heure, avec tout le linge à sécher à l'avant du poteau –, *Méa* devenait complètement fou. Il prenait le mors aux dents, se mettait à sniffer l'écume blanche et pulvérulente de sa vague d'étrave, et s'initiait au surf sur la moindre vaguelette.

Il pratiquait volontiers le toboggan sur la grande houle du golfe de Gascogne, poursuivait les goélands qui rêvassaient à la surface de la mer, sous les yeux terrifiés du barreur qui croyait jusque-là qu'aucun quillard ne pouvait atteindre pareille vitesse. *Méa* était simplement infernal et tout à fait capable, dans ces conditions, d'épuiser n'importe quel bon pilote en moins de six heures.

Pourtant, son intérieur était d'apparence cossue, fait de plaquages galbés d'acajou de Cuba, de plans de travail de marbre blanc et d'une sellerie de cuir blanc soulignée de joncs et de profils d'aluminium brossés. Le tout d'une grande sobriété et d'une extraordinaire originalité. Cette décoration particulièrement hardie était l'œuvre de Philippe Starck. Étonnamment, il n'avait pas eu le succès commercial escompté et il avait fallu que passent de nombreuses années avant qu'on ne le comprenne : les quelques exemplaires de ce modèle étaient des pièces rares et de grande valeur.

C'était leur fils Pierre qui avait baptisé le First ; il avait choisi *Méa* parce que « *Méa* coule pas ». Incantation enfantine faite à Neptune, qui s'était jusque-là révélée efficace.

5

PERSISTE ET SIGNE

Le lendemain, Vincent appela l'hôpital pour prendre des nouvelles de son ami et demander l'autorisation de lui rendre visite. L'infirmière lui indiqua que Dédé avait repris des forces, recouvré toutes ses capacités intellectuelles et que sa sortie de l'établissement était prévue pour le soir même ou le lendemain matin.

Parfaitement rassuré, Vincent décida de n'aller le voir que l'après-midi et de consacrer la matinée à faire un peu de ménage à l'intérieur du bateau, qui en avait bien besoin.

En arrivant à l'hôpital, il croisa incidemment le docteur Michel Arnaud, propriétaire d'un élégant croiseur côtier de sept mètres soixante, amarré près de *Méa*.

— Tiens ? Qu'est-ce que tu viens faire là, Vincent ?

— Je viens voir mon copain Dédé qui a été repêché hier dans le Bassin, en hypothermie.

— Dubosc ? C'est moi qui m'en occupe. Il a absolument tout récupéré. Il est en parfaite santé, il sort demain.

— Et du point de vue intellectuel ?

— C'est impeccable. Strictement aucune séquelle. On lui a fait tous les tests. C'est très courant dans les cas d'hypothermie. La confusion mentale disparaît avec le réchauffement de l'organisme. On peut dire qu'il a eu du pot, ton copain. Un vrai miracle de se faire récupérer à la baille comme ça, de nuit.

Vincent se rendit sereinement au chevet de Dédé en regrettant de n'avoir pas pensé à lui apporter des magazines de pêche ou de bateaux.

Le malade, débarrassé de ses divers tuyaux, avait repris des couleurs. Il avait retrouvé toute la vivacité de ses gestes et son œil pétillait. Il accueillit Vincent chaleureusement, et engagea la conversation avec une élocution impeccable.

— T'as vu ça Vincent ? Quelle aventure ! Je m'en sors bien… Ma grande chance c'est d'être tombé sur ce gros pare-battage qu'un bateau avait dû perdre, j'ai pu l'attraper assez tôt. Enfin, ça faisait quand même près de dix minutes que je barbotais… J'avais quitté mes bottes pour mieux nager, mais le froid me pénétrait, j'avais de plus en plus de mal à bouger les bras. J'ai attrapé cette grosse défense, j'ai noué son bout autour de ma poitrine et j'ai fait comme si je montais dessus. Tu vois ?

Dédé mimait la situation par de grands gestes.

— Comme si je l'embrassais, je l'ai mise au niveau du sternum et j'ai serré le nœud du bout. Après, je ne sais plus trop… j'étais dans le cirage. Mais je me souviens de cet abruti de parqueur ! Il m'a gaffé comme si j'étais un congre, ce couillon !

— C'est vrai que t'as eu de la chance… Mais comment tu t'es débrouillé pour tomber à l'eau ? T'es plutôt prudent quand t'es tout seul sur *Marie-Thérèse*, non ?

— Je suis pas tombé à l'eau. Pas du tout. C'est un des Indiens du sous-marin ! D'abord, il m'a filé un marron. Je suis tombé sur le plancher du cockpit, moitié assommé, et là, à deux ils m'ont attrapé et m'ont jeté par-dessus bord.

— Quoi ? Tu recommences ?

— Comment ça, je recommence ? C'est la vérité ! C'est les trois Indiens du sous-marin bleu… C'était à la tombée du jour, à marée montante. Je rentrais peinard de l'île aux Oiseaux par le Teychan. Je devais marcher à quatre nœuds. Le submersible est arrivé par-derrière et il est remonté sur moi. Il était à contre-jour dans le soleil couchant, je le voyais mal et y'avait juste le kiosque qui sortait de l'eau. Sur le coup, j'ai pas compris. Un bonhomme dépassait du machin jusqu'au niveau de la ceinture, et il criait en gesticulant. Il parlait dans une langue étrangère, je comprenais que dalle. Puis il m'a lancé un cordage, et par gestes, j'ai compris qu'il me demandait de l'amarrer à *Marie-Thérèse* pour le prendre en remorque. Ce que j'ai fait.

— T'as pris un sous-marin en remorque avec *Marie-Thérèse*, c'est bien ça ?

— Ben oui pourquoi ! T'as pas encore compris ou tu ne me crois pas ?

— Les deux. Mais continue, on ne sait jamais. Par contre, tu peux me dire à quel moment le pape est arrivé en hélicoptère ?

— Sombre crétin… je me demande pourquoi je m'acharne à te raconter tout ça.

— Dédé, continue s'il te plaît.

— Bref. Je prends la remorque du gonze, je l'amarre à mon bitard arrière-tribord, et je mets du gaz à mon bourrin. Parce que je te dis pas, le sous-marin y devait faire dans les vingt mètres ! Mais avec ma nouvelle hélice tripale que j'ai achetée à la coopérative, je peux te dire qu'elle tire comme un percheron, la *Marie-Thérèse*, et le suppositoire, il suivait bien. Je trouvais tout ça un peu bizarre, mais j'ai pas eu le temps de m'inquiéter. Je t'explique : y'a deux autres Indiens qui sont sortis de l'engin. Je te dis pas la gueule qu'ils avaient. Hirsutes et pas rasés, à foutre la trouille à Frankenstein, les types. Ils ont commencé à engueuler le premier comme du poisson pourri, ils ont repris de la longueur à la remorque et sont montés à bord de *Marie-Thérèse*. Comme chez eux ; ni bonjour ni merde. Y'en a un qui m'a collé une grande baffe. Je suis tombé la tronche sur le coin du banc, complètement sonné. Après, il y en a un qui m'a pris par les pieds, l'autre m'a pris par-dessous les bras et ils m'ont jeté à la baille. Voilà, tu sais tout.

— D'accord, Dédé, d'accord. Une petite question. Tes Indiens, ils avaient des plumes ? Et ton sous-marin, il n'était pas jaune, plutôt ?

— Triste con. Tu crois que je raconte des fadaises pour m'excuser d'être passé à l'eau comme un blaireau de Haute-Savoie un soir de fête, mais c'est pas ça du tout. Laisse-moi sortir de l'hosto et tu vas voir que je vais t'y faire de la lumière sur cette affaire. J'ai pas besoin d'un commissaire à la manque pour éclaircir ce bazar. D'abord, faut que je récupère *Marie-Thérèse*. Après, on verra. Je sais exactement à quel endroit ils m'ont foutu à l'eau, les Apaches de carnaval. Je venais de prendre des alignements. À partir de là, on va gratter et pour de vrai, pas comme les intellectuels de broussaille et autres crânes d'obus de la police judicieuse nationale française qu'est même pas capable d'arrêter un bus de ville.

— Tu sais ce qu'elle te dit, la police judiciaire ?

— Je m'en doute. Des insultes. C'est tout ce qu'une pauvre victime des agissements d'un gang de malfaiteurs internationaux peut attendre des forces de l'ordre. Des insultes. Ah, ils sont beaux, les fins limiers de la meilleure police du monde ! L'emblème de la PJ, c'est une panthère noire, j'ai vu ça dans ton bureau. Eh bé ! Vous faites un beau ramassis de greffiers castrés ! On marche sur la tête, dans ce pauvre pays. Demain matin, je rentre à la maison. Viens déjeuner avec nous, on reparlera de tout ça. Parce qu'ici, avec ce qu'ils te donnent à croûter, au bout de huit jours tu passes entre le mur et la tapisserie sans la décoller. Mais avant toute chose, il faut que je retrouve *Marie-Thérèse*. J'ai téléphoné aux gendarmes pour leur signaler qu'elle avait disparu.

— Tu leur as dit qu'on te l'avait volée ? Tu leur as parlé des Indiens et du sous-marin ?

— Bien sûr que non. Je suis pas complètement idiot. Je savais qu'ils ne me croiraient pas plus que toi alors j'ai rien dit. Quand ils veulent, ils sont aussi bouchés que les flics. Quand je pense qu'on paye des impôts pour engraisser tous ces bras cassés…

6

DU CÔTÉ DE CHEZ DÉDÉ

Le lendemain midi, Vincent se rendit chez Dédé et Simone. Ils occupaient une petite maison des années trente au toit pointu, à la charpente tarabiscotée et couverte de tuiles plates – dans le temps, on qualifiait ces dernières de « mécaniques », car leur fabrication était mécanisée et leur pose d'une facilité considérée comme révolutionnaire.

Le modeste pavillon était précédé d'un jardin potager scindé en deux par une allée centrale, elle-même bordée de ces grosses boules de verre que l'on utilisait jadis pour les filets de pêche, comme flotteurs. On en trouvait aisément, échouées en grand nombre, sur les interminables plages océanes. L'hiver, après la tempête, la lumière rasante faisait scintiller à perte de vue ces diamants multicolores, enchantant jusqu'à l'horizon lointain le sable désert.

Au milieu du jardin trônait un nain de jardin facétieux en plastique véritable, dont Dédé était particulièrement fier car il adressait aux arrivants un doigt d'honneur sans équivoque.

La table de la minuscule salle à manger était dressée depuis longtemps et Simone avait sorti le cristal, l'argenterie et le linge basque des grandes occasions. Tous trois s'installèrent pour l'apéritif dans le tout petit coin salon, dont le parquet en pitchpin était consciencieusement encaustiqué. Dédé, qui semblait en parfaite santé, commença par servir à boire avant d'entreprendre la conversation.

— J'ai encore un peu froid par moments. Faut que je reste couvert. Un coup d'antigel dans les boyaux, ça me fera pas de mal. Ce qui m'inquiète, c'est que j'ai pas de nouvelles de *Marie-Thérèse*. Je me demande bien ce qu'ils en ont fait… et elle n'est pas assurée contre le vol. Il paraît qu'elle est trop vieille pour ça. Tu le crois, toi ?

— T'avais beaucoup de gas-oil ?

— Presque le plein, comme d'habitude. Et tu sais pourquoi ? Quand t'as pas le plein, l'air dans le réservoir favorise la multiplication de bactéries dans le carburant et ça bouche le circuit d'alimentation.

— Très intéressant mais dans l'immédiat, totalement inutile… voire contre-productif.

— Tu vas pas me dire qu'ils ont quitté le Bassin avec *Marie-Thérèse* ! Tu prends pas les passes en pinasse, même si t'es un Indien ! Et puis les gars du sémaphore du Ferret, s'ils voient un gus s'emmancher les passes en pinasse, je pense qu'ils vont carillonner les affaires maritimes, la gendarmerie et même les douanes, tu ne crois pas ?

Vincent restait dubitatif.

— Un vol avec violences de pinasse… ce serait pas banal et pour tout dire, tout à fait nouveau.

— L'insécurité gagne sournoisement le bassin d'Arcachon à une vitesse extraordinaire. La délinquance galopante infiltre pernicieusement toutes les classes sociales, les incivilités sont monnaie courante et pourrissent le quotidien déjà morose des masses populaires et laborieuses.

— Dédé, Tu peux répéter? Parce que là, tu m'en bouches un coin. T'as trouvé ça où?

— Sur le marché de La Teste. Dans un prospectus qu'un gars m'a donné. Un mec bien, costard-cravate, bien rasé avec les cheveux courts.

— Une mèche sur le front et une moustache en balai de chiotte, non?

— Tu le connais?

Ils passèrent à table et déjeunèrent paisiblement. Ils prenaient le dessert lorsque retentit la clochette de bronze du portail.

Regardant par la fenêtre, Dédé reconnut Marcel, son voisin, et lui fit signe d'avancer avant de se lever, serviette de table à la main, pour l'accueillir à la porte d'entrée.

— Assieds-toi avec nous, Simone va t'avancer une assiette. En attendant tu vas me goûter ce pomerol.

Le vieux Marcel, qui avait laissé ses sabots de caoutchouc verdâtres dans l'entrée, exhibait de grosses chaussettes tricotées à la main en véritable laine des Pyrénées beige et semblait passablement excité. À peine assis, il lança:

— Je viens te voir au sujet de *Marie-Thérèse*.

— La pauvre. Je sais pas ce qu'elle est devenue, ni où elle peut se trouver.

— Bien, justement... moi je sais, je viens de la voir!

Dédé s'étrangla avec son morceau de gâteau avant de s'agiter sur sa chaise en tapant du poing sur la table.

— Où ça, putain de moine? Raconte!

— À Biganos, échouée sur la cale de mise à l'eau. Elle est là depuis au moins la nuit dernière.

Dédé regarda Vincent avant de commenter.

— Tu entends ce qu'il dit, le Marcel ? Échouée sur la cale de mise à l'eau de Biganos ! Au cul de Bob ! Bazar, elle est douée, la *Marie-Thérèse* ! Toute seule, elle a remonté le chenal de Comprian, et c'est pas tout droit. Elle a trouvé l'entrée de la rivière l'Eyre, encore toute seule. Après, elle a remonté tous les méandres, tous les zigs et tous les zags du cours d'eau, tout ça en évitant les hauts-fonds, les épaves, tout ça de nuit et toujours toute seule. Enfin, elle arrive à s'arrêter pile sur la cale de Biganos, pas à côté hein, dans la vase ou les roseaux, non, sur la cale ! Y'a pas à dire, elle est douée la *Marie-Thérèse* ! Elle a fait tout ça après que je sois tombé à l'eau, d'après le commissaire de mes fesses.

Dédé asséna une puissante bourrade à Vincent et se leva pour aller chercher la bouteille d'armagnac. Vincent, troublé, essayait de réfléchir. Il interrogea Marcel.

— Dans quel état elle est ?

— Extérieurement, elle est impeccable. Intérieurement, je dirais pas la même chose.

— C'est-à-dire ?

— Ils ont tout viré. Y a plus de coussins, plus de matelas, plus de couvercles de coffre. Rien. Elle est vide. Ils ont tout fauché. Ça, à tous les coups, c'est un gonze qui a la même pinasse que toi et qui s'est refait l'intérieur à pas cher.

Dédé le détrompa.

— Impossible ! *Marie-Thérèse*, c'est une Lapeyre de 1962, et le gars qui l'a fait construire à l'époque a dessiné lui-même l'intérieur, qui est unique. La sellerie de *Marie-Thérèse* n'ira jamais sur une autre pinasse.

Tout à la joie d'avoir retrouvé son bateau, Dédé avait envie de plaisanter.

— T'as pas vu si y avait des plumes à l'intérieur ?

— Des plumes ? Non, pourquoi ?

— À cause des Indiens.

Et Dédé se mit à rire tout seul sous le regard inquiet de Marcel, avant de reprendre.

— On prend le café et le pousse, et on y va. Je suis bien content. Merci Marcel, je te revaudrai ça. Tu viens avec nous, allez hop !

7

L'AVENTURE C'EST L'AVENTURE

Dédé commença par remplir soigneusement le coffre de la 4 L d'outillage divers et de matériel de réparation. Vincent, qui s'impatientait, l'interrogea :

— Mais qu'est-ce que tu fiches ? Tu veux caréner ta pinasse ou quoi ? On va juste voir si elle est en état de marche !

— Non, non, je la ramène. Je vais pas la laisser là-bas, toute seule. Y'a bien des malfaisants qui vont encore me la piller. Je la ramène par la mer. Toi, tu t'occuperas de ma bagnole.

— Pas question. Je veux pas conduire ce tracassin. Elle avance pas, elle freine pas, y'a du jeu dans la direction, elle tient toute la route et parfois même les bas-côtés en même temps.

— Puisque tu joues au snob, c'est Marcel qui conduira ma 4 L. Et quand t'auras cinq minutes, tu m'achèteras un break allemand, avec l'ordinateur qui cause pour te dire où aller, comme les mecs de Bordeaux.

Marcel renchérit.

— T'as raison ! J'ai encore rien compris à ce bazar. Avec ça, les gars y vont dans des endroits qu'ils connaissent même pas, et même que la machine elle est obligée de leur dire par où passer. C'est à se taper le cul par terre, mais c'est moderne. Mon beau-frère, il a un truc comme ça : « Faites demi-tour dès que possible », qu'il lui dit le bazar… Et y'a pas moyen de l'arrêter ! Ou alors faut couper le contact.

— Ben comment qu'il fait ?

— Il se déplace à vélo.

Vincent, qui jusque-là ne connaissait pas Marcel, venait de comprendre qu'il était du même acabit que Dédé dans le genre insupportable. Aussi commençait-il à s'agacer sérieusement.

— Bon, on y va ou on fait un feu de camp dans le jardin ? Je peux aller acheter des merguez si vous voulez. On se les fait griller sur la braise et je vais chercher ma guitare. Bazar ! Il faut se taper la moitié du tour du Bassin avec ta chignole et si on ne part pas de suite, on ne risque pas d'être de retour avant la nuit ou même avant l'hiver prochain…

Dédé et Marcel s'étaient installés à l'avant de l'antiquité ; ils parlaient champignons et chasse au garenne en rigolant. Vincent s'était vu assigner la banquette arrière, qu'il devait partager avec un invraisemblable fourbi. La toile du siège était tellement défoncée qu'il était en réalité assis sur le plancher de la voiture ; seul son crâne émergeait du capharnaüm. Pour compléter le tout, l'atmosphère de l'habitacle offrait aux narines un parfum d'appâts avariés, d'essence et d'huile rance mêlés.

— Ça pue, c'est infect ! s'énerva Vincent.

— Je sais, j'ai oublié une botte de couteaux dans le coffre. Normalement, en ouvrant les vitres, ça sent moins, sauf que… les vitres, elles sont coincées. Ah oui t'as raison dis-donc, ça cogne !

Dans les lignes droites de la route contournant le Bassin, Dédé poussait la vieille guimbarde dans ses derniers retranchements, n'hésitant pas à frôler les soixante-dix kilomètres à l'heure.

À l'arrière, Vincent fulminait.

*

Le port de Biganos était un lieu unique du bassin d'Arcachon et de la planète Terre. Aucun port n'était aussi étrange. Bercé d'eau de mer par les puissantes marées qui provoquaient de vifs courants intérieurs, ce port champêtre n'était que prairies, bosquets et clairières. Les mâts des voiliers s'égaraient dans les frondaisons tandis que les cabanes de bois, peintes de couleurs criardes, serrées frileusement les unes contre les autres, admiraient les bateaux ensommeillés rangés à leurs pieds. Une vache indolente traversait l'espace herbeux et se dirigeait lentement vers la berge de la rivière proche pour s'y désaltérer.

Marie-Thérèse, inclinée sur la cale de mise à l'eau du port de Biganos, semblait dresser fièrement son étrave de drakkar vers le ciel. Dédé se précipita vers elle, caressa longuement le bordé et le pont avant d'examiner plus précisément la pinasse et de conclure :

— Ça va, faut pas se plaindre, ils n'ont pas été trop méchants avec elle. Ils n'ont rien pété.

Vincent, lui, avait plutôt le regard du policier, et se montrait plus préoccupé par la recherche de traces et d'indices que par l'état de *Marie-Thérèse*.

— Je monte dedans. Tu me suis mais tu ne touches à rien. Choisis un endroit pour t'asseoir, et regarde. Essaie de voir, de comprendre si quelque chose a changé, tu piges ?

Ravi d'avoir retrouvé son amie, Dédé était d'humeur badine. Il se figea dans une attitude martiale, et cria bêtement :

— Oui, chef !

Puis, sournoisement, il lâcha un pet interminable sous le regard incrédule de Marcel qui, de sa vie, n'aurait jamais imaginé que l'on puisse tenir aussi longtemps la modulation d'une flatulence sans craindre une issue dramatique.

Devant le regard affligé de Vincent, il commenta :

— C'est rien, c'est juste la taupe qui souffle.

8

DÉCOUVERTE

Ils escaladèrent le franc-bord de la pinasse avant de plonger dans les profondeurs de la cabine et de commencer les constatations.

Marie-Thérèse était devenue une coquille vide. Les coffres de rangement bâillaient, laissant apparaître le côté intérieur du bordé de la coque. Les planchers ayant disparu, la pinasse montrait avec impudeur ses membrures comme un cadavre ses côtes décharnées.

Vincent essayait de comprendre pourquoi l'intérieur du bateau avait été complètement dépouillé, alors que le portefeuille, le téléphone et la montre de Dédé, parfaitement visibles, étaient toujours à leur place. Il devenait clair que ce n'était pas pour s'approprier les objets contenus dans le ventre de la pinasse qu'elle avait été piratée. En réfléchissant posément, la solution vint s'imposer à l'esprit de Vincent.

Les voleurs avaient besoin de faire de la place, beaucoup de place et avaient jeté par-dessus bord tout ce qui les gênait. Il poursuivit sa réflexion malgré le baratin assommant débité en continu par un Dédé surexcité.

— Ce qui permet d'avancer qu'ils ont possiblement volé la pinasse uniquement pour effectuer un transport…

Un transport volumineux… un transport illégal. Ce pourrait être quoi ? Des armes ? Des clandestins ? De la drogue ?

Il s'abîmait totalement dans ses réflexions pendant que Dédé continuait à caqueter comme un dindon présentant une émission de divertissement à la télévision publique un soir de réveillon.

Enfin, il décida de reprendre l'examen des fonds de *Marie-Thérèse* de façon nettement plus méthodique et approfondie, centimètre par centimètre.

Son regard s'arrêta bientôt sur une vis à bois saillant dangereusement du bordé. Il interrogea Dédé.

— C'est quoi, ce piège à cons ?

— Ça, tu peux le dire ! C'est ce qui reste de la fixation de l'ancien loch-speedo que j'ai enlevé. J'ai laissé cette vis et résultat, j'ai déjà déchiré un coussin, ma vareuse et le sac de couchage. Faut que je la vire, mais j'oublie toujours de le faire parce que j'ai pas l'outil qu'il faut.

Vincent désigna de son doigt une zone poudreuse sous la vis.

— Approche Dédé, regarde de plus près. C'est quoi ces traces blanches ?

Dédé, s'avança, coi, et de sa main humide, essuya la poudre maculant l'intérieur de la coque. Après avoir contemplé ses doigts saupoudrés de blanc, il tenta de les porter à sa bouche, mais fut brutalement interrompu par une puissante gifle qui l'envoya s'asseoir de l'autre côté du roof. Complètement étourdi, il se releva péniblement en dévisageant Vincent, les yeux hagards.

— Voilà que tu me cognes ! T'as vraiment tourné dingue, tu m'as fait mal…

— Il est bien possible que je t'aie sauvé d'une overdose mortelle, pauvre couillon.

— Ah ! Je comprends. Moi aussi, j'ai pensé que ça pouvait être de la drogue. Je voulais goûter pour voir. J'ai vu faire ça au cinéma.

— Triple buse ! Si ça en est, tu meurs dans l'heure qui suit. Avec les doigts mouillés, tu prends un demi-gramme, et un demi-gramme qui n'a pas été coupé, ça vaut pour cinq grammes achetés au détail dans un rade bordelais. Tu veux que je te raconte la suite ? Syncope, dépression respiratoire, régurgitation alimentaire obstruant les voies respiratoires, asphyxie, suivie d'arrêt cardiaque. Pauvre idiot ! Tu veux que je te dise ce qu'on trouve à l'autopsie ? Les tâches de Tardieu sur les poumons, tu connais ? Ça t'intéresse ? Tu veux que je te raconte l'autopsie d'un tox' qui a fait une « od » ? Va me chercher un pinceau propre dans la poubelle à roulette qui te tient lieu de bagnole. Je vais ramasser ça avec une feuille de mon carnet. Ensuite, on ira se nettoyer soigneusement les mains.

Docile et bien que se frottant la joue, Dédé s'exécuta en rouspétant.

— Je commence à en avoir sérieusement marre des caractériels. Les autres Indiens qui me filent un gnon et essayent de me noyer, et maintenant l'autre flic moitié facho qui me tape sur la gueule sans raison, ils commencent tous à me les brouter. Tout à l'heure, le Dédé y va se rebeller, ça va leur faire drôle. Y'en a qui vont devoir monter aux arbres, je te le dis… Ça va finir dans le genre steak haché et flaques de sang autour. Il va y avoir de la cervelle collée aux murs. Là, je suis prêt à terroriser Dracula, à sodomiser un tricératops ! C'est qu'ils connaissent pas Dédé, ces inconscients…

— Eh ! Rambo ! Tu l'amènes ton pinceau, ou il faut que je te fasse une commande officielle avec appel d'offres publié dans le *Sud Ouest* ?

— J'arrive, j'arrive ! Ne te fâche pas.

Vincent préleva soigneusement l'équivalent d'une petite cuillère de poudre blanche qu'il enferma hermétiquement dans une feuille de papier plusieurs fois repliée.

— T'as compris, Dédé ?

— À moitié.

— Les mecs, ils ont fait comme toi. Ils ont accidentellement accroché un de leurs paquets à la vis qui dépasse et crac ! Sans le savoir, ils nous ont laissé un bel échantillon.

— De quoi ?

— De sucre glace, de farine de froment ou de talc. C'est ce qu'on va savoir dans cinq minutes. En route ! Direction la pharmacie de Biganos. Prends le manche de ta puissante limousine. Quant à Marcel, il reste là en attendant notre retour. Faudrait pas que *Marie-Thérèse* disparaisse, sinon on ne nous croirait pas.

— Tu ne préfères pas qu'on aille directement à la gendarmerie ?

— Est-ce que tu peux me citer une seule fois où la gendarmerie nous a simplifié la vie ? Tu nous vois arriver chez eux avec de la poudre blanche en leur disant : voilà, monsieur le gendarme, je vous amène de l'héro ou de la coke, est-ce que vous pouvez me dire si c'est de la bonne ? Ils vont se marrer… Et tu sais qu'ils sont taquins, les bougres. Ils vont tester. Si c'en est, ils nous foutent illico au trou pour détention de stups. Et si ça n'en est pas, ils nous foutent au trou pour s'être payé leur tête.

— C'est curieux qu'un mec comme toi ne fasse pas confiance aux forces de l'ordre…

— Ce sont des facétieux tendance pince-sans-rire, et leur humour est assez hermétique au *vulgum pecus*. On va faire un narco-check-test qu'on va acheter à la pharmacie.

Tu vas voir. On en a pour quinze euros, et en plus c'est toi qui payes parce que la pinasse est à toi.

Munis du kit, les compères arrêtèrent la 4 L à l'abri du vent et Vincent entreprit l'analyse à même le capot de la voiture. Il commença par casser le sommet de l'ampoule contenant le liquide testeur, puis il y mélangea une partie de la poudre recueillie dans les fonds de la pinasse et secoua. Dans les secondes qui suivirent, le précipité vira à une couleur bleue intense. Aucun doute n'était plus permis.

C'était de la cocaïne.

9

DÉDÉ S'EMBROUILLE

Dédé était ébahi.

— Ce coup-ci, on va voir les schtroumpfs et on leur raconte tout!

Subitement, le visage de Vincent se figea.

— Pas la peine, Dédé, pas la peine. Retourne-toi, tu vas comprendre.

Deux gendarmes, probablement intrigués par leur tambouille, venaient de descendre de voiture et s'approchaient d'eux.

Vincent n'eut pas le temps de faire de recommandation à Dédé. Avec une décontraction étonnante, il avait déjà pris l'initiative d'expliquer la situation aux gendarmes.

— On vient de tester de la cocaïne! Apparemment elle est costaud. De la dynamite! Y'en a encore plein dans les fonds de ma pinasse.

Vincent se demanda par quoi il devait commencer pour réussir à construire une explication convenable et crédible à l'usage des deux militaires.

— Voilà, messieurs. il y a deux jours, la pinasse de Monsieur Dubosc a été volée par des inconnus. D'ailleurs, on vous a signalé sa disparition. Sur indication d'une personne connaissant l'embarcation, nous venons de la retrouver. Et à notre grande surprise son intérieur présente des traces de cocaïne. Voilà, c'est simple.

Le résumé ne semblait pas plaire à Dédé.

— Tu ne leur parles pas des Indiens et du sous-marin ?

Les deux gendarmes se regardèrent, obligeant Vincent à rectifier le tir.

— Ne l'écoutez pas, il galèje. C'est un grand déconneur.

— Conduisez-nous à cette pinasse, qu'on voit ça de plus près.

Ils obtempérèrent et se mirent en route, la 4 L de Dédé suivie de près par le Duster bleu marine des gendarmes.

— Dédé, excuse-moi, mais t'es complètement con. Ils vont te saisir *Marie-Thérèse* pour les besoins de l'enquête. Ils vont la mettre au sec pendant des mois, et tu vas te retrouver à pied. Elle va sécher au soleil et il va falloir refaire tout le calfatage. Pour toi, la saison à venir est râpée d'avance. T'es pas foutu de tenir ta langue !

— J'ai pas fait gaffe. En plus, j'ai pas fait le contrôle technique de la bagnole ; à l'avant-droit j'ai un pneu qu'est plus lisse que le casier judiciaire de sainte Thérèse de Lisieux. Tu crois qu'ils vont m'astiquer, les cognes ?

— T'avais qu'à fermer ta grande gueule.

— Toi, tu fais toujours dans le genre sournois, tendance hypocrite. T'es franc comme un âne qui recule. Pas moi. Je dis ce qui est, moi. Surtout aux pandores.

Les gendarmes examinèrent longuement *Marie-Thérèse*. L'un d'eux s'éloigna pour téléphoner et revint d'un pas décidé.

— Bon, on place des scellés provisoires sur le bateau. Le labo passera demain avec une équipe de la SR, la section de recherches. Vous deux, vous ne touchez plus à cette pinasse. Interdit. Demain, on vous attend à neuf heures à la brigade pour audition. Ne prévoyez rien d'autre, ça risque d'être long, et ça dépendra de ce que vont décider les gars de la SR.

Les gendarmes rejoignirent leur voiture et quittèrent les lieux.

Dédé sifflotait, les mains dans les poches, tout en s'éloignant prudemment de Vincent qui lui jetait des regards noirs. Il n'échappa pas à l'engueulade.

— T'es vraiment un pauvre type, un abruti fini. Il suffit que tu la ramènes cinq minutes pour qu'on te confisque *Marie-Thérèse*, et qu'on soit invités à passer à la cardeuse chez les guignols ! Et pourquoi pas, qu'on nous soupçonne de traficoter dans la poudre de perlimpinpin. Un seul mot : bravo ! Bravo, monsieur Dubosc. Avec un ami comme ça, j'ai pas besoin d'ennemi. Alors, tu vas aller t'asseoir et me laisser continuer le boulot.

— Mais, les gendarmes t'ont bien dit de toucher à rien !

— J'avais compris, pauvre tache. Je vais faire l'environnement, monsieur ! Des investigations périphériques…

Vincent commença à faire le tour de la pinasse, avant de remarquer que sur l'espace séparant *Marie-Thérèse* d'une zone de stationnement, on pouvait distinguer une longue trace rectiligne d'herbe couchée, qui contrastait avec le reste de la pelouse aux brins joliment dressés en brosse. Sans doute ce terrain avait-il été foulé. Avec la lumière rasante du soleil, cette sorte de chemin devenait de plus en plus apparent.

Vincent suivit la piste, les narines dilatées comme un chien de chasse, et parvint au parking soixante mètres plus loin. Le nez au ras du sol, il inspectait le revêtement de grave minière humide et meuble qui portait des traces de pneumatiques aux sculptures profondes. Ces marques figuraient une arrivée et un départ, et une esquisse de manœuvre en lacet. Les empreintes de départ semblaient nettement plus profondes que les autres, mais les connaissances de Vincent étaient limitées dans ce domaine ; il n'était pas technicien de scène de crime…

Il héla Dédé qui fumait une cigarette en lui tournant ostensiblement le dos, pour lui signifier qu'il boudait.

— Allez, Dédé arrête ! Viens ici, j'ai besoin de toi et de tes lumières.

Flatté, l'air dégagé, Dédé rejoignit Vincent qui lui montra ses découvertes en l'interrogeant :

— Qu'est-ce que t'en penses ?

Dédé haussa les épaules, et rendit son verdict comme une évidence.

— J'y connais strictement rien, mais je peux quand même te dire que c'est du 255/65/17. C'est du boudin de chez Hankook, fabrication sud-coréenne. Ceux-là, c'est des tout-terrain. C'est ce qu'on chausse en deuxième monte sur les Nissan Navara et les Mitsubishi L200. Et là, ce que je peux te dire c'est les gus, ils ont chargé la bourrique. Au moins une tonne. Regarde, ils sont enfoncés jusqu'au flanc du pneu et si tu suis les traces, tu vois qu'en arrivant sur la route goudronnée, ils ont laissé de la grave partout, ces gros dégueulasses. Si tu veux, on va au magasin de bricolage du coin, j'achète du plâtre et on fait un moulage qu'on pourra utiliser pour comparer avec d'autres.

— Heureusement que t'y connais rien… Qu'est-ce que ça aurait été sinon !

— Par contre je vois pas le rapport avec *Marie-Thérèse.* Tu crois qu'ils auraient voulu la mettre sur une remorque et me la piquer ?

Vincent, absorbé par ses recherches, n'entendit pas la question. Il venait de repérer plusieurs mégots écrasés au sol, les uns dans l'herbe, les autres dans la grave du parking.

Pour éviter de polluer ces trésors d'ADN que constituaient ces résidus de cigarettes, il demanda à Dédé de lui confectionner, à l'aide de son canif, une sorte de petite brochette ou de cure-dent. Pendant ce temps, il vida un paquet de mouchoirs jetables de son contenu pour en garder l'emballage, qu'il utilisa comme récipient de sa collecte. Puis il piqua le premier mégot, l'examina de près en évitant de souffler son haleine dessus.

— Merde ! Marlboro... la clope la plus fumée au monde.

— T'en es quand même pas à ramasser les mégots ! Attends, je vais t'en rouler une.

— Dédé, recommence pas, je t'en prie.

Après avoir ramassé six de ces misérables déchets, Vincent, tel un épagneul, marqua soudainement l'arrêt. Il avait aperçu, gisant dans l'herbe à moins de deux mètres de lui, une boule de carton qui ressemblait à un paquet de cigarettes souple écrasé et roulé. Le genre de découverte qui donnait au policier le même frisson qu'un *boletus edulis* au chercheur de cèpes.

Il déplia soigneusement le papier froissé avant de l'examiner et complètement abasourdi, il lut :

— « Coltabaco, S.A.S. – Bogota, Colombia. »

Puis il souffla :

— Dédé, dis-moi... avec ce paquet de clopes et le résultat du narco-check-test, on est un peu dans le surréalisme. De la coke, un élément provenant de la Colombie, Bogota pour être précis, et au milieu de tout ça... *Marie-Thérèse*, Biganos ! Dédé, dis-moi que je rêve, que je déconne ! Réveille-moi !

— Bogota, de la coke... tu vois, moi, je ne me moque pas de toi. Par contre, quand moi je parle d'Indiens et de sous-marins, on n'hésite pas à se payer ma fiole, pas vrai ? Paf ! Prends ça dans les dents, monsieur le commissaire de mes fesses ! Ça serait pas plein d'Indiens, par hasard, Bogota-les-bains ? Ils se baladeraient pas en sous-marins, les gonzes par là-bas ?

— C'est quand même un peu plus compliqué que ça, mais je te reconnais une forme élémentaire de bon sens. Tu te souviens qu'on va dîner chez Tovaritch, ce soir ?

— Ça fait si longtemps... presque quinze jours qu'on y a pas été.

— T'as peur de ne pas les reconnaître ?

— Non, mais je commence à me languir des filles. Je les aime toutes les trois autant que la mienne.

— Et Toto et Gégé, tu ne les aimes pas ?

— Pareil.

10

LA BANDE À VELPEAU

Sept. Longtemps ils n'avaient été que six, mais depuis peu, ils étaient sept. D'aucuns auraient pu penser qu'il s'agissait d'une famille, mais on avait plutôt affaire à une tribu, aux habitudes et aux rituels aussi étranges que festifs. Leurs voisins, eux, penchaient pour une secte, ou du moins pour une société secrète. Même les autorités avaient suspecté que leur regroupement ne soit en réalité un nid d'espions fomentant d'obscurs desseins. Force était d'admettre que la réalité était tout autre. Ni meilleure ni pire, simplement très différente.

Au départ, il y avait eu la puissante force d'attraction que le maître des lieux Andreï Tovaritch, dit Toto, exerçait sur ceux qui l'approchaient. Oligarque russe volcanique, en délicatesse avec les autorités de son pays natal, ce colosse attachant était tombé amoureux du Sud-Ouest et du bassin d'Arcachon. Il avait investi avec enthousiasme toute sa fortune dans le vignoble bordelais et l'immobilier du Bassin. C'est à l'occasion de l'assassinat de son attaché commercial qu'il avait fait la connaissance de Vincent et Dédé. Embarqués tous trois dans la même sale affaire, ils avaient connu la garde à vue, la suspicion, mais avaient forgé en cette curieuse circonstance une amitié indéfectible résistant à toutes les vicissitudes.

Puis Andreï s'était amouraché de Sophie, sa voisine du Cap Ferret délaissée par un mari insignifiant. Ensuite, il avait recueilli sans aucune rancune Tatiana, agent du SVR qui avait échoué dans la mission de le trucider. Dans le même temps, il avait débauché Gérard Gautier, dit Gégé, détective privé chargé de le confondre d'adultère, et avait décidé d'adopter pour nièce Mélissa, amie intime de Vincent réchappée de la grande détresse ordinaire.[1]

Andreï Tovaritch, homme au grand cœur, s'il ne savait pas vivre seul, avait un sens contagieux et tonitruant du bonheur. Il logeait tout son petit monde dans son immense villa située dans le domaine des 44 hectares au Cap Ferret, et supportait mal que Vincent et Dédé ne soient pas pensionnaires à temps plein de la congrégation. Ils s'étaient baptisés « La bande à Velpeau », et l'énumération de leurs sobriquets évoquait à l'ignorant une équipe de simples d'esprit. Ils avaient tous été plus ou moins cabossés par la vie, et étrangement, chacun d'eux s'imaginait devoir quelque chose aux autres. Ils étaient fusionnels et excessifs, transparents mais imprévisibles.

— On ramène Marcel à La Teste avec ta trapanelle. On change de voiture et on y va.

— On s'arrêtera acheter des fleurs pour les filles.

— Si on a le temps.

Depuis La Teste, il aurait été bien plus simple, rapide et nettement plus agréable de rejoindre le Cap Ferret par la mer avec *Marie-Thérèse*. Ils le faisaient souvent. Gégé venait les récupérer à l'embarcadère de Bélisaire où ensuite, la pinasse attendait sagement leur retour. Il leur

1. Voir les livres précédents de François Ferbos dans la collection SO Noir.

était même arrivé de renoncer – imprudemment – à passer la nuit chez Tovaritch, sans se sentir pour autant le courage de traverser le Bassin de nuit, à contre-marée, par un vilain clapot rageur. Ils avaient dormi sur *Marie-Thérèse* qui roulait comme un tonneau vide en rappelant sur son ancre, et tossant méchamment contre le sable à marée basse. Une bien mauvaise nuit suivie d'une méchante gueule de bois et d'une humeur massacrante.

*

Faire le tour du Bassin en voiture se révélait particulièrement long et lent, mais Dédé adorait cette balade. Il ne se lassait jamais d'énumérer les villages et de commenter les changements survenus depuis leur dernier passage. Gujan, Le Teich, Biganos, Audenge, Lanton, Andernos, Arès, Lège… Et enfin, le début de l'interminable presqu'île du Cap Ferret et ses nombreux hameaux. Hors-saison, il fallait compter une heure et demie. Une heure et demie avant cet endroit où finit la terre, ce Finistère gascon. Mais aussi une heure et demie à écouter les commérages et autres sornettes de Dédé.

— Té ! T'as vu ?

— Quoi donc ? Je conduis !

— Les parcelles de Célestin ! Tu sais, le Landais qui fait les marchés ? Il a coupé tous ses pins sur au moins cinq hectares. À tous les coups, il va nous faire un lotissement, le salopard. Il n'a jamais assez de pognon. C'est un gourmand. Pourtant, il l'amènera pas dans sa tombe, son blé ! Il n'a qu'un drôle, et ils ne se parlent plus. Et sa femme, tu la connais? Elle est pas marrante, la vieille, une vraie purge, un vaccin contre l'amour... Elle est plus large que haute, et elle rit quand elle se pince, mais elle aime la joncaille, un vrai sapin de Noël. Et lui! Il s'est acheté un putain de 4x4 américain avec un moteur de paquebot, je te dis pas comme il fait le beau avec ça. Jean, le maître de port, m'a dit que ça fait au moins six mois qu'il n'a pas payé sa place. Ah! Il peut faire le riche! J'ai jamais pu le blairer celui-là... Tu sais qu'il voulait se présenter aux élections? Il est gonflé! Quand tu penses qu'il s'est fait réformer du service militaire et que maintenant, il veut l'écharpe bleu-blanc-rouge... Il n'a pas de figure, ce gonze.

— Dédé?

— Qué?

— On s'en fout. Change de disque.

Pour changer de conversation, Dédé salua leur arrivée d'un commentaire.

— *Lou cap herré!*

— Je croyais que tu parlais patois uniquement quand t'étais bourré!

— Quand j'y pense... y'a pas si longtemps, quand j'étais drôle, il n'y avait pas un chat dans ce coin perdu. À part quelques originaux et deux ou trois culs-nus macrobiotiques qui faisaient du yoga à poil sur la plage, les touristes normaux s'arrêtaient à Arcachon, de l'autre côté du Bassin. Y'avait que des parqueurs pour venir ici en pinasse, pour mouiller à la conche de Mimbeau, parce que c'est un bon abri. Autrement, dans les dunes, y avait des lapinots partout, mais fallait vite les tirer, parce qu'à la fin de l'été, tous les capucins chopaient la myxomatose et tombaient comme des mouches.

11

À LA POINTE

Le domaine des 44 hectares était situé tout au bout de la pointe du Cap Ferret. Il donnait, d'un côté, sur le tranquille Bassin et de l'autre, sur l'océan rugissant. La rencontre tumultueuse des eaux se faisait à la pointe de la pointe, une sorte d'ultime bout du monde placé sous la surveillance vigilante de la dune du Pyla, qui offrait là son plus beau visage. Le domaine était aussi sauvage que discret, et on y circulait lentement par de simples allées de sable pas toujours aisément praticables. Les maisons, souvent discrètement bardées de bois, se tapissaient parmi les pins, les arbousiers et les mimosas.

En descendant de voiture, Vincent retrouva immédiatement l'ambiance sonore du lieu. Sur un fond de silence profond, le vent faisait doucement siffler les fines aiguilles à la cime des pins tandis que les feuilles des chênes verts bruissaient tranquillement. Les pas étaient étouffés par le sable de l'allée. Les fenêtres des maisons étaient ouvertes ; on pouvait entendre une conversation à voix basse, le tintement du matériel de cuisine et quelques accords plaqués par Mélissa sur le clavier du piano. Puis à nouveau, ce profond silence déchiré quelques secondes plus tard par un éclat de rire cristallin. Vincent n'osa pas claquer la portière de sa voiture, et se contenta de la rabattre. Il lui semblait complètement incongru de troubler la sérénité des lieux par un bruit aussi trivial.

Le grincement du portillon de bois qu'il poussa avertit la compagnie de leur arrivée, qui fut saluée avec joie par une voix féminine.

— Les voilà !

Quelques secondes plus tard, ils étaient tous à la queue leu leu dans l'entrée à attendre leurs bises réglementaires. À ce jeu, Mélissa prit tout le monde de vitesse pour s'emparer de Vincent et l'enlacer comme une pieuvre. Dédé rayonnait de bonheur et n'avait de cesse de caresser une épaule ou d'embrasser le dos d'une main.

Puis Vincent s'étira longuement, et alla tout doucement faire le tour du jardin. Il sentait la sérénité le gagner et n'avait pas l'intention de lutter. Lorsque Mélissa s'approcha de lui en lui tendant une coupe de champagne, il baillait. Il remarqua que de l'autre main, elle tenait un verre rempli d'eau.

— T'es malade ?

Elle baissa les yeux. Vincent l'imita et leurs regards se rejoignirent sur le petit ventre rebondi de Mélissa. Vincent ne cacha pas sa surprise.

— Ah oui ! Ce n'était pas qu'une idée, une impression... ça devient sérieux, ça prend forme ! Tu commences à être à l'étroit dans ta robe. Il va falloir faire les magasins !

— Ne m'en parle pas ! Andreï et Sophie m'ont acheté de quoi habiller vingt parturientes jusqu'au neuvième mois. Ils ont déjà pris des contacts dans la plus grande boutique de layettes et d'articles pour bébés de Bordeaux. Ils veulent tout acheter en double, bleu et rose, au cas où. Et je vais te dire quelque chose que tu ne vas peut-être pas croire : tu vois Andreï, avec ses deux mètres dix et ses cent vingt kilos, sa voix tonitruante et ses mains d'assassin… Eh bien, il est en train de lire *J'attends un enfant* de Laurence Pernoud, et en français s'il vous plaît ! Il surveille ce que je bois, ce que je mange, il m'interdit d'aller au soleil et de porter quoi que ce soit. Il dit que c'est pour protéger le petit…

— Quand tu sais que sa mère a accouché dans un appartement communautaire de la banlieue de Moscou, avec la seule aide d'une vieille voisine qui tournait à la vodka et qu'elle a repris le travail la semaine suivante, Toto doit avoir l'impression d'avoir changé de planète.

— Il a acheté un livre sur les prénoms, mais il a de drôles de goûts. Il voudrait qu'on l'appelle Charles… à cause du Général !

— Pourquoi pas. Avec Andreï en second prénom, je suppose. Ça lui fera plaisir. On va éviter Vladimir !

— Et Vincent en troisième.

— Rentrons, le vent est frais. Rejoignons-les, il ne faut pas faire bande à part.

Les garçons étaient en grande discussion : Dédé racontait sa mésaventure à sa façon. Il accompagnait son récit de grands gestes et lorsqu'il pensait que cela ne suffisait pas, il se levait brutalement de son fauteuil et s'immobilisait dans une posture agressive, le regard noir, les sourcils froncés. Il poursuivait alors, multipliant les expressions tragiques.

Vincent doutait que l'aventure homérique mise en scène par Dédé s'approche de la réalité des faits. Néanmoins, l'auditoire semblait subjugué. Gégé, immobile comme une statue, la bouche entrouverte, fixait Dédé en oubliant même qu'il avait une coupe de champagne à la main. Quant à Tovaritch, il se grattait inconsciemment la tête, ce qui était chez lui, le signe d'un grand trouble.

Vincent s'en mêla.

— Je suppose qu'il vous a dit comment il a mis en déroute une escouade de guérilleros colombiens, comment il a foutu la diarrhée à Emiliano Zapata, la branlée à Pablo Escobar…

Dédé le coupa.

— T'as belle gueule de te moquer de moi ! En attendant, quand on a trouvé la coke et le paquet de cigarettes des Colombiens, t'as bien été obligé de manger ta casquette et d'admettre que j'avais raison. Et puis d'abord, c'est à eux que je cause. À Toto et Gégé, et pas à un gonze qui a les oubarasses ensablées.

Vincent précisa :

— Je traduis pour Toto, le bolchevique défroqué. Les oubarasses, c'est les oreilles, les feuilles, les étiquettes, les étagères à mégots, les esgourdes. C'est de l'argot girondin. Et quand t'as les oubarasses ensablées, c'est que t'entraves que dalle, tu comprends que nibe.

Tovaritch semblait très intéressé par ce que venait de lui rapporter Dédé de façon si pittoresque. Du regard, il interrogea Vincent qui soupira en regardant sa montre.

— Je veux bien vous donner mon avis, mais j'en ai pour une demi-heure. C'est un peu compliqué.

— Ça tombe bien, le repas n'est pas prêt. Je t'apprends rien en te disant qu'on est abonné aux pires emmerdements, et là, j'en sens venir un beau, un gros comme une maison. Dédé m'a dit que vous êtes convoqués chez les gendarmes !

Tovaritch remplit les coupes à ras bord, se cala dans son fauteuil et regarda Vincent.

— On t'écoute, dis-nous ce que tu en penses.

— Je suis très ennuyé… D'abord parce que ce que j'ai à vous raconter est très long. Ensuite, parce qu'il n'est pas du tout certain que notre affaire ait quelque chose à voir avec ce que je vais vous dire. J'en doute même fortement, l'histoire de Dédé est tellement farfelue !

— Farfelu, toi-même ! piaffa Dédé.

12

EXPLICATION

Vincent prit son souffle et se lança :

— Dédé n'a pas menti quand il vous a raconté qu'on avait trouvé de la coke à bord de *Marie-Thérèse*. Donc on peut penser que ce qui lui est arrivé est lié, d'une façon ou d'une autre, à un réseau criminel. Aujourd'hui, la production de drogue ne pose pas de difficulté aux trafiquants. Qu'il s'agisse d'héroïne, de cannabis ou de cocaïne, ces types peuvent s'approvisionner sans souci sur les lieux de fabrication. Là où ça se complique, c'est que ces derniers sont très éloignés des lieux de consommation que sont les grandes démocraties occidentales. Donc, le vrai problème pour eux, c'est le transport. Le transport ! C'est pourquoi leurs techniques d'importation sont très évolutives. Ils s'adaptent très vite et très bien aux circonstances et disposent de moyens financiers qui supportent la comparaison avec le budget d'un petit pays.

— Où veux-tu en venir monsieur le professeur ? lança Dédé, moqueur.

— Là où je veux en venir, c'est qu'on m'a posé une question et que j'ai l'intention d'y répondre, monsieur ! Si ça t'ennuie, t'as qu'à aller faire un tour dans le jardin.

En plus, je reviens d'un stage de quinze jours organisé par l'office central de répression du trafic, et on m'a bombardé référent « stups » pour la région. Alors tu comprendras, monsieur Dubosc, que je n'ai pas l'intention de me laisser interrompre toutes les cinq minutes par un grand pénible aux neurones fatigués et à l'attention volatile.

Dédé prit l'air courroucé et remplit sa coupe de champagne.

— Bref, je reprends. La seule vraie question qui se pose aux narco-trafiquants, c'est donc d'acheminer la drogue depuis les sites de production jusqu'aux sites de consommation. On va s'en tenir à la cocaïne, puisque c'est ce qui nous intéresse ici. Je ne vous apprends rien en vous disant qu'elle est produite principalement dans le nord de l'Amérique latine.

Dédé ne résista pas.

— Sans déconner ! Je croyais que ça venait du Lot-et-Garonne ! On en apprend tous les jours.

Vincent fit mine de ne pas entendre.

— Elle inonde consciencieusement les États-Unis par voie aérienne, maritime et terrestre. Ces dernières années, la guéguerre entre les différents cartels a cessé et la production a considérablement augmenté. On en est au point que les producteurs se fédèrent, s'entendent, et mutualisent leurs moyens d'expédition. Ça paraît complètement fou, mais c'est ainsi. Ils organisent même des envois groupés. Leur premier client a longtemps été les États-Unis, pays proche d'eux, facile à atteindre, et au pouvoir d'achat élevé. Mais on peut considérer que le marché US est saturé. Le nombre de consommateurs n'est pas extensible, la police fait bien son boulot et la population de toxicos américains se tourne maintenant vers les médicaments opioïdes, chers mais qui ne comportent pas de risques judiciaires. Par contre, ces produits pharmaceutiques sont responsables de tellement de morts par overdoses qu'ils sont à l'origine de la baisse globale de l'espérance de vie aux États-Unis…

Dédé n'y tenait plus.

— Tu nous balades, avec tes trucs. À moins qu'après tu veuilles nous faire une interro écrite ? Et on s'éloigne de mes trois Indiens avec leur sous-marin…

— J'y viens, j'y viens.

— Tu parles, Charles. Il nous fait la géopolitique de la dope. On s'en tape ! Ce qui nous intéresse, c'est de trouver les enfoirés qui m'ont sagouiné *Marie-Thérèse*.

Vincent essaya de garder son calme.

— Je reprends. Le marché des États-Unis étant saturé, les narco-trafiquants ont décidé de s'en prendre à l'Europe. Avec toujours le même problème. Comment faire parvenir la came à destination ? Pour y arriver, ils sont prêts à tout. La voie maritime commerciale classique par les ports de Rotterdam et du Havre ? C'est de plus en plus fliqué et ils ont beaucoup de pertes, de quantités saisies. La voie aérienne ? Deux méthodes : soit des centaines de mules qui prennent les lignes aériennes commerciales, en ingérant ou en cachant de petites quantités sur elles, soit carrément l'avion privé affrété spécialement, avec à son bord une ou deux tonnes de produit et qui peut se poser sur un petit aérodrome européen discret. C'est pas l'idéal. Déjà, faut disposer d'un jet privé. Et puis, il faut aussi déposer un plan de vol qui n'attire pas l'attention… parce qu'un avion, ça se suit à la trace. Alors, les narcos ont développé un truc complètement dingue : le sous-marin.

— Tout ce baratin pour en arriver là ! Tu me fais marrer. Ça fait combien de temps que je te dis que j'ai été attaqué par un sous-marin ? Moi je l'ai vu, le suppositoire, pas toi. Et toi qu'as rien vu, tu vas tout nous expliquer ! Elle est bien bonne celle-là. Tu fais un drôle de bonimenteur. Tu devrais essayer la politique, tiens !

Andreï Tovaritch s'en mêla :

— Dédé, laisse finir Vincent. C'est intéressant ce qu'il dit et il sait où il veut en venir.

— Sauf que moi, j'ai faim.

— J'en reviens aux sous-marins. Les Américains appellent ces engins des SPSS (*self-propelled semi-submarine*). Ils sont apparus à la fin des années quatre-vingt et étaient destinés à acheminer la cocaïne d'Amérique centrale jusqu'au États-Unis. Les distances sont assez courtes, inférieures à 3 000 kilomètres. Les premiers SPSS n'étaient pas de vrais sous-marins, mais des semi-submersibles très bas sur l'eau pouvant échapper aux repérages. Le kiosque était construit en polyester pour ne pas laisser de signature radar. L'échappement du moteur diesel se faisait sous l'eau pour éviter toute trace thermique repérable par une caméra infrarouge. Et pour finir, ils étaient peints en bleu clair pour se confondre avec la surface de l'eau et échapper à la détection aérienne.

Dédé se laissa aller.

— Ils ne les ont pas peints en rouge pour éviter qu'on les confonde avec les fraises des bois ? Et en marron, on aurait pu les prendre pour des cèpes. Ils sont malins, les bougres.

Vincent soupira avant de reprendre.

— On estime qu'à cette époque, c'est plus de mille cinq cents SPSS qui ont réussi à gagner les États-Unis.

Ces engins étaient à usage unique. Arrivés à destination, ils étaient coulés ou enfouis sous terre après transbordement de la came.

Tovaritch semblait diablement intéressé.

— Mais ça devait coûter une fortune à chaque convoyage ! Et ils les construisaient comment, ces engins ?

— T'as pas tort : un sous-marin à usage unique, ça représente… deux millions de dollars. Pour te faire une idée, une grosse livraison de cocaïne aux États-Unis rapportait quatre cents millions. Le sous-marin coûtait donc 0,5 % de l'opération ! À cette époque, les cartels les faisaient construire par les FARC, forces armées révolutionnaires de Colombie – une puissante guérilla communiste qui avait trouvé là un moyen de se faire beaucoup d'argent. Les FARC travaillaient principalement pour les cartels de Sinaloa et de Beltran-Leyva. Dans la jungle inextricable de la côte pacifique de Colombie, au fond d'une zone où il n'y a aucun accès terrestre…

Dédé émit une espèce de roucoulement interminable. Agacé, Vincent s'arrêta et l'interrogea sans ménagement.

— Eh bé ! Qu'est-ce que t'as ? Tu vas arrêter ?

— Je fais le cri du perroquet gris dans la jungle inextricable de la côte pacifique de la Colombie, le soir au fond des bois, à l'heure tranquille où les lions vont boire. Je le fais bien, n'est-ce pas ?

Fataliste, Vincent reprit.

— Les FARC ont monté des chantiers navals clandestins totalement invisibles depuis les airs. Ils ont choisi des endroits ayant des accès à la mer par des rivières pour créer de véritables camps, avec des centaines de travailleurs, et toute la logistique nécessaire : dortoirs, réfectoires, infirmerie. Ils se sont mis à construire des sous-marins d'une vingtaine de mètres, propulsés par des moteurs Diesel de 350 chevaux et naviguant à dix nœuds, ce qui est assez rapide. Ces engins avaient une autonomie de 3 200 kilomètres. Ils disposaient d'un équipage de quatre hommes et transportaient de deux à dix tonnes de cocaïne.

— C'est un truc à la James Bond, s'écria Tovaritch.

— Pire ! Les FARC ont considérablement amélioré leurs modèles. Aujourd'hui, leurs submersibles peuvent dépasser trente mètres de long. Ils sont capables de plonger effectivement à vingt ou trente mètres de profondeur – ce qui n'était pas le cas auparavant et qui constitue une prouesse technique en termes de résistance à la pression. Ils sont souvent munis de périscope et bardés d'électronique de navigation du meilleur niveau. Leurs équipages sont constitués de pêcheurs sud-américains ayant une expérience de la mer.

« Alors, avec tout ça, et malgré les ressemblances troublantes, qu'est ce qui me fait douter que Dédé ait eu affaire à l'un de ces fameux SPSS ? C'est leur autonomie. Car les cas de sous-marins de ce type parvenus sur les côtes européennes sont rarissimes. Il faut une autonomie de huit mille kilomètres pour traverser de la côte est d'Amérique latine en Europe. Or, à notre connaissance, les sous-marins construits par les FARC ne peuvent couvrir une telle disance. À moins qu'ils aient mis au point une technique de ravitaillement en pleine mer que nous ne connaissons pas, ou qu'ils aient nettement amélioré la capacité de leurs engins…

« En 2006, on a découvert un sous-marin abandonné sur la côte nord de l'Espagne. Il était vide. Son chargement avait été transféré, mais les malfaiteurs n'avaient pas pu le faire disparaître à temps… pourquoi ? Plus inquiétant encore : en novembre 2019, c'est pas vieux, un narco sous-marin de vingt mètres a été arraisonné sur la côte galicienne espagnole. Apparemment, il venait de traverser l'océan Atlantique. Il transportait trois tonnes de cocaïne détaillée en cent cinquante-deux paquets. Il y en avait pour cent millions d'euros ! Quand il s'est fait avoir, il était sur le point de transborder sa marchandise sur un bateau. Il aurait été gêné par le mauvais temps, mais j'y crois pas trop. L'équipage était composé de deux marins équatoriens et d'un espagnol. Les Équatoriens se sont fait serrer mais bizarrement, l'Espagnol s'est fait la jaquette. Il a réussi à échapper aux puissantes forces policières et militaires présentes sur les lieux de l'interpellation...

« Y'a pas idée d'aller traîner sur la côte galicienne au mois de novembre ! Ça brasse méchamment à cette époque, j'en sais quelque chose... La région, peu peuplée, est propice aux opérations discrètes et aux débarquements. Le littoral est très découpé, avec de multiples abris et cachettes ; il a toujours été un lieu de trafic. Rappelez-vous : en 2009, j'ai intercepté un trafiquant devant la ria de Camarinas après avoir poursuivi son voilier avec *Méa* depuis Concarneau ! Quelle aventure...

Dédé, qui commençait à souffrir des effets secondaires d'une surdose de champagne, coupa Vincent :

— Hé, les gars ! Faut l'arrêter. Sinon tout à l'heure, il va nous refaire Trafalgar, Mers el-Kebir et Pearl Harbor. Avant-hier, il prétendait que je racontais des conneries exotiques au sujet de mon souci avec *Marie-Thérèse* sur le Bassin, et maintenant, nous voilà dans la jungle tropicale confrontés à des guérilleros sanguinaires armés jusqu'aux dents, poursuivis par des crocodiles affamés et entourés de serpents venimeux… Si on le laisse continuer, il va commenter l'ancien Testament.

— Dédé ?

— Oui ?

— Ta gueule. Je reprends. En septembre dernier, vous vous souvenez ? Plus d'une tonne de cocaïne en ballots d'un kilo récupérée sur nos plages. Réfléchissez un peu. Ils avaient jusque-là essayé les côtes rocheuses déchiquetées et inaccessibles de Galice, et là, on retrouve plus d'une tonne sur une côte basse, linéaire et sablonneuse, facile d'accès et aisée à parcourir en 4x4. Bizarre, non ? Ça ne serait pas une tentative de changement de stratégie ?

« Je m'explique. Généralement, les cargaisons, c'est au minimum deux ou trois tonnes. Sur nos belles plages, on n'en a récupéré qu'une tonne trois. Sachant que l'on peut se permettre de perdre soixante-quinze pour cent d'une cargaison et que l'affaire reste encore très rentable. N'est-ce pas un coup façon petit Poucet ? Pire encore… Et si les gars s'étaient dit que la came non récupérée n'était pas perdue pour tout le monde ? Qu'il allait bien se trouver des abrutis pour se l'enfiler, devenir accros et constituer la future et fidèle clientèle ?

« Je vous invite à réfléchir. Gardez à l'esprit que ces gars-là sont en surproduction, que leurs prix de revient sont en très forte baisse, et qu'ils vont tout faire pour conquérir le marché européen. J'arrête là, je vais boire un coup.

13

UNE IDÉE

Le long monologue de Vincent avait jeté un froid dans l'assistance. Le lourd silence qui s'était ensuivi fut brisé par Sophie.

— Dans quel monde vivons-nous ? Quand tu penses que tu peux tomber sur un ballot de cocaïne sur la plage, que des gars sont capables de traverser l'Atlantique en sous-marin pour venir intoxiquer nos enfants ! Tout ça pour de l'argent, pour s'acheter des belles bagnoles...

Tatiana renchérit.

— Le pire, c'est qu'il faut considérer qu'en France la situation est plutôt bonne, par rapport à la drogue. En Russie, la drogue, c'est six millions de toxicos. Je préfère répéter le chiffre : six millions ! Là-bas, c'est cent mille morts par an, est-ce que vous vous rendez compte ? Le gouvernement est conscient que c'est un très grave problème qui pèse sur l'avenir du pays. Mais il nie les chiffres et continue à interdire les produits de substitution comme la méthadone, ainsi que la vente de seringues. Mais c'est pas la même toxicomanie. Là-bas, jusqu'à il y a peu, c'était l'héroïne en provenance de l'Afghanistan tout proche. Aujourd'hui c'est le « crocodile », la pire saloperie du monde. On l'appelle comme ça parce que ça te rend la peau comme celle d'un crocodile. C'est ça, la Russie d'aujourd'hui. J'en tremble encore. On voyait ça d'assez près dans les services secrets.

Dédé avait besoin de se faire remarquer à n'importe quel prix.

— Putain de moine! Entre les guérilleros à moustache, les services secrets russes et les effets diurétiques du champagne, j'ai une envie de pisser qui tiendrait pas dans un panier à salade. Ça ne vous ennuie pas trop que je m'arrache quelques instants à votre affection débordante avant que ce soit moi qui déborde?

L'employé polyvalent de Tovaritch fit une soudaine apparition dans le salon. Le pouce de la main gauche immobilisé dans un gros pansement, il claironna le plus fort possible.

— À table!

Vincent décida de l'agacer.

— Faut pas bramer comme ça! Tu t'approches discrètement de Sophie et tu lui chuchotes à l'oreille: « Madame est servie. »

— Et puis quoi, encore?

— On mange des huîtres aujourd'hui?

— Comment t'as deviné?

— Le pansement sur le pouce gauche, ça trompe pas. Maladroit comme tu es. Moi, à la place de Toto, je te reléguerais à l'entretien de la pelouse.

Mélissa avait bien changé. Son visage était d'une sérénité que Vincent ne lui connaissait pas, et tout dans ses gestes, ses attitudes ou ses sourires témoignait de cette paix. On la sentait chez elle, parfaitement à l'aise. Il y avait quatre mois de ça, à peine, elle ne connaissait pas ceux qui étaient aujourd'hui ses amis, elle ne connaissait pas Vincent. Elle était égarée dans Bordeaux, sur le quai de Paludate qu'elle arpentait le soir venu, sans conviction, redoutant qu'un homme s'arrête à sa hauteur. Mais c'était si loin…

Aujourd'hui, elle discutait avec Sophie et Tatiana de trucs de filles, selon ses propres termes. Elle avait également ramené toutes ses partitions de Bordeaux et jouait du piano autant qu'on lui réclamait.

Tovaritch semblait très intéressé par l'affaire de Dédé.

— Dites-moi, Vincent et Dédé, qu'est-ce qu'il est devenu ce sous-marin ?

Vincent répondit prudemment.

— Si sous-marin il y a, il a coulé. N'est ce pas Dédé ?

— Affirmatif. Je confirme.

Tovaritch relança.

— Bon. Dédé, serais-tu capable de le localiser ?

— À deux mètres près. Je t'explique. Au débouché du chenal de Mapouchet dans le chenal du Teychan, y'a une balise sud, deux pointes en bas. C'est la 6 bis, je crois. Tu prends un alignement en direction de l'aquarium d'Arcachon. Eh bé, le sous marin il était à cinquante mètres de la 6 bis en direction de l'aquarium. Doit y avoir six mètres d'eau à basse mer de vives eaux. Pourquoi, Toto, tu veux aller à la pêche ?

— Non, mais tu connais mon bateau, *Anastasia*. Dessus, j'ai un sondeur graphique, un Furuno FCV 588, tu vois le truc ?

— Putain de moine ! Avec ça tu vois le sexe des hippocampes à cent mètres.

— Presque. Ton sous-marin, si on sait où il est, avec ça on peut pas le rater.

Vincent qui, jusque-là, bavardait avec Mélissa, s'intéressa à l'échange.

— Qu'est-ce que tu proposes, Toto ?

— Demain matin, vous allez chez les gendarmes. L'après-midi, on a une basse mer à seize heures. Je propose qu'on aille sur place avec *Anastasia* pour mettre un coup de sondeur, histoire de voir si y'a un sous-marin ou pas.

Dédé s'emballa.

— Et si on le trouve, Vincent paye le restaurant à toute la tripotée et je commande une boîte de caviar de la Caspienne !

— Laisse-le dire. Mais si effectivement on le trouve, on fait quoi ? demanda Vincent.

— Très simple. On emmène Gégé avec son matériel de plongée. Il va jeter un coup d'œil à l'épave. Il a tout ce qu'il faut et y'a que six mètres d'eau. On fait comme ça ?

— D'accord, on fait comme ça. En espérant qu'on soit sorti de chez les pandores… À ce sujet, écoute-moi bien Dédé. Demain aux gendarmes, on dit rien, le minimum ! C'est-à-dire que dalle.

— T'es marrant, mais va bien falloir s'expliquer.

— C'est simple. Tu naviguais dans le Teychan, un bateau t'a heurté, t'es tombé à l'eau et on a retrouvé ta pinasse à Biganos. Point barre.

— Avec des traces de cocaïne dans la coque ?

— Bien obligé de leur redire, puisque tu leur as déjà expliqué, abruti. À moins que tu trouves autre chose. Pour le reste, tu ne sais rien du tout, tu fais l'idiot, comme tu sais si bien le faire en temps normal. Pas besoin de forcer ton talent naturel. Mets-toi dans la tête que tu es victime du vol de ta pinasse et de rien d'autre. S'ils posent des questions vicelardes, tu réponds « je ne sais pas… », ou tu ne réponds pas du tout. Compris ?

— Je crois.

14

QUESTIONS POUR UN CHAMPION

De fait, l'accueil à la brigade de gendarmerie fut assez frais. Il est vrai que les gendarmes n'avaient aucune raison d'avoir de la sympathie pour Vincent et Dédé, qui, par le passé et jusque-là, ne leur avaient procuré que des tracasseries invraisemblables.

Vincent correspondait assez peu à l'idée que les gendarmes se faisaient d'un commissaire de la police judiciaire. Quant à Dédé, ils ne savaient toujours pas s'il était complètement idiot ou s'il se moquait d'eux de façon permanente.

— Donc, si je comprends bien, résuma le gendarme, la pinasse de Monsieur Dubosc a été heurtée par un objet flottant non identifié. C'était entre chien et loup, il tombe à l'eau et il est récupéré miraculeusement par un ostréiculteur de passage. C'est ça ?

— Exactement, monsieur le gendarme.

— Je continue. Sur indications d'un ami, vous retrouvez la pinasse de Dubosc sur la cale de mise à l'eau de Biganos. L'intérieur a été vidé de son contenu et présente une trace suspecte de poudre blanche. Vous pensez tout de suite à de la drogue et vous en testez un échantillon qui confirme vos présomptions. Et c'est à ce moment-là qu'on arrive sur les lieux. N'est ce pas?

Dédé confirma respectueusement.

— C'est parfaitement exact, monsieur le maréchal des…

— Logis-chef. Maréchal des logis-chef. D'accord? Bien. Maintenant, question: lorsque vous découvrez des traces de poudre blanche dans votre pinasse, pour quelle raison pensez-vous immédiatement à de la drogue et non à de la farine ou un autre produit blanc et pulvérulent? Et pourquoi effectuez-vous immédiatement un test chimique plutôt que de nous avertir?

— Parce que j'ai vu ça à la télé! Et Vincent, lui, il voit le mal partout. Mais il a du pif… la preuve.

— Est-ce que vous vous rendez compte que vos explications sont peu crédibles?

— Tout à fait, mais j'y suis habitué, monsieur le maréchal des jolis. Ma femme me croit jamais.

Le maréchal des logis-chef conclut les auditions de façon étonnante.

— Très bien, messieurs. En l'état actuel des choses et à mon grand regret, on ne peut rien retenir contre vous. Je suis convaincu que vous mentez, au moins par omission. Je ferai tout pour éclaircir les zones d'ombre de cette affaire.

Après un silence, il reprit:

— Messieurs, vous êtes libres de retourner à vos occupations. N'oubliez pas qu'on vous garde à l'œil.

*

En quittant la gendarmerie, Dédé s'assit sur un banc public, le temps de se rouler une cigarette tout en commentant son audition.

— T'as vu le maréchal des jolies fesses ?

— Le maréchal des logis-chef, bourricot...

— Faudrait pas qu'il s'appelle Ferrand, le mec... Je te lui foutrais bien une ruade dans les gencives, au maréchal Ferrand. Bref, t'as entendu ce qu'il a dit, le gonze ? Qu'il ne nous croyait pas ! Imagine-toi si je lui avais parlé des Indiens et du sous-marin ! Il me foutait à la ratière direct.

— Ils sont carrément suspicieux les pandores, et c'est pas bon pour nous. Bon, faut y aller. Toto et Gégé doivent nous attendre chez *Diego*.

— Si c'est Toto qui paye, je prends le plateau royal, conclut Dédé.

15

À LA RECHERCHE DU SOUS-MARIN BLEU

À table, en vis-à-vis, séparés par le haut plateau de fruits de mer, ils avaient du mal à se voir. Dédé s'était placé face à la mer pour regarder le trafic des bateaux. Il remarqua avec inquiétude que Gégé ne buvait que de l'eau.

— T'es pas malade au moins, mon pauvre ?

— Non, pas du tout. Mais si je dois plonger cet après-midi, il faut pas boire d'alcool, sinon ça peut être dangereux.

— Bouducon ! Moi, j'aurais jamais pu faire plongeur. Tu m'étonnes qu'ils ne trouvent pas de gonzes pour faire ce métier à la noix…

Tovaritch siffla le rappel.

— Messieurs, l'étale de basse mer, c'est dans une heure. On se remue. Le temps d'aller au port, de chauffer les moteurs d'*Anastasia*, on sera juste.

Anastasia était le jouet de Andreï Tovaritch, qui l'avait fait dessiner par un architecte naval local et construire par un chantier du port de Larros, à Gujan-Mestras. La difficulté avait consisté à concevoir un bateau classique avec une carène et des équipements modernes. Le résultat était une vedette de seize mètres, apte aussi bien à la haute mer qu'aux promenades sur le Bassin. Ses superstructures de teck et d'acajou rouge alternativement vernies ou brutes lui donnaient un chic intemporel.

Les quatre hommes connaissaient *Anastasia* à la perfection et formaient un équipage chevronné. Bien qu'ils soient interchangeables, chacun connaissait son poste de manœuvre personnel, les mots à utiliser, où et comment ranger amarres et pare-battages, ainsi que les autres manœuvres courantes.

Andreï s'était installé au poste de barre.

— L'eau de refroidissement ?

Dédé jeta un coup d'œil au passe-coque dont jaillissait de l'eau.

— C'est bon !

— Amarres dédoublées ?

— C'est bon.

— Paré à larguer ?

— Paré.

— Larguez !

— Largué !

Tovaritch embraya le moteur gauche en marche avant lente tout en mettant de la barre à droite. *Anastasia* décolla lentement du ponton pour se diriger vers le Bassin et l'eau plus libre. Toto embraya le second moteur et remit la barre à zéro en vérifiant d'un coup d'œil que tout était correct à l'arrière. Il fallait attendre de franchir le balisage de sortie du port avant de pouvoir accélérer, et cela permettait de faire monter les moteurs en température et de tout vérifier tout en évitant de lever du clapot à l'intérieur de la darse.

À l'approche de l'embranchement du chenal de Mapouchet, Tovaritch demanda à Dédé de le rejoindre dans la timonerie.

— On arrive, tu me dis quand tu penses que c'est bon !

Dédé tournait la tête alternativement à droite et à gauche pour essayer de retrouver les alignements et ses repères visuels. Vincent avait mis les deux sondeurs en marche et faisait les annonces.

— Six mètres, fond de sable.

Puis soudain, Dédé jusque-là silencieux et aux aguets, lança

— Top ! On y est !

Vincent appuya vivement sur la fonction « waypoint » de la centrale de navigation qui émit un *bip* joyeux. Les coordonnées géographiques étaient enregistrées à quelques centimètres près.

Maintenant, il suffisait de tourner autour de ce point en cercles concentriques jusqu'à trouver quelque chose ou... rien du tout. Vincent colla son nez à l'écran du sondeur graphique et resta là sans bouger, sans commenter pendant qu'*Anastasia*, les moteurs au ralenti, cerclait imperturbablement.

Tovaritch avait le front plissé et le regard inquiet ; Dédé venait de lâcher un profond soupir lorsque Vincent se dressa subitement, pressa une nouvelle fois la touche « waypoint » de la centrale, en annonçant.

— Top ! Je l'ai. Cinq mètres en arrière et on peut mouiller. On fout l'ancre dessus.

Tovaritch s'exécuta. *Anastasia* recula et une longue forme ovoïde apparut nettement sur l'écran polychrome du sondeur graphique. Vincent régla encore la netteté. Maintenant, ils pouvaient même voir le kiosque du sous-marin.

Ayant trouvé ce qu'ils cherchaient, ils n'auraient pas dû être surpris. Pourtant, les yeux rivés sur l'écran, muets, ils étaient fascinés par leur découverte. Même Dédé était incrédule.

— Ça alors ! Je l'avais pas vu si grande, cette putain de machinerie !

Gégé donna son avis.

— Ça foutrait presque la pétoche, ce bazar. On dirait un engin de guerre. Il ne lui manque que les canons. Ça pue la délinquance, l'illégalité, la violence… c'est moche.

Vincent n'était pas en reste.

— On le tient. On va pas le lâcher. C'est à toi de jouer, Gégé. Et surtout, essaie de savoir pourquoi il a coulé, parce que pour l'instant on est dans le brouillard. Allez, en piste ! À la renverse de marée, tu seras obligé de remonter à cause du courant, dépêche-toi !

16

PÊCHE À LA COKE

Vincent aida Gégé à s'équiper. Puis il déploya l'échelle de bain et lui tendit ses palmes. Gégé disparut dans le bouillonnement de l'air s'échappant de son détendeur. Il s'ensuivit un silence lourd, comme s'ils craignaient que Gégé fasse une mauvaise rencontre et ne remonte jamais.

Le trio resté à bord s'était installé dans le cockpit et surveillait depuis plusieurs minutes les bulles expirées par le plongeur et qui éclataient à la surface, lorsqu'un ballon rouge émergea subitement.

— Il a trouvé quelque chose, passe-moi la gaffe ! s'écria Dédé.

Dédé gaffa l'orin du ballon que Gégé avait gonflé avec l'air de son scaphandre. Puis, impatient de découvrir la surprise, il commença à remonter rapidement les quelques mètres de cordage le séparant de l'objet. Un paquet rectangulaire de trente-cinq centimètres de long émergea sous les yeux stupéfaits des trois compères, qui restèrent sans voix. L'emballage de plastique épais soigneusement scotché portait l'inscription « DIAMANTE ». En chargeant le colis à bord, Vincent retrouva la parole.

— C'est de la coke. Merde alors ! Y'en a encore. Ils en ont laissé dans le suppositoire.

Un autre ballon fit brutalement surface. Sans un mot, Dédé ramena le cordage au bout duquel étaient amarrés trois nouveaux paquets de cocaïne.

— Mais ? Il va nous en remonter combien, comme ça ? s'inquiéta Tovaritch.

Tout à leur excitation, les trois hommes n'entendirent ni ne virent s'approcher une embarcation semi-rigide occupée par trois hommes vêtus de combinaisons de plongée noires.

Le canot aborda vigoureusement *Anastasia* et l'un des hommes sauta immédiatement à bord. En voyant les paquets de cocaïne, il annonça d'une voix forte et claire.

— Gendarmerie nationale ! Mettez-vous à genoux, les mains sur la tête !

Ils s'exécutèrent de mauvaise grâce pendant que les deux autres hommes montaient à bord d'*Anastasia.* Vincent bougonna à l'adresse de ses deux amis.

— Alors là, on est faits comme des rats. Aucun doute. Le moins qu'on puisse dire, c'est qu'on a les apparences contre nous. Quelle salade…

— Ne parlez pas entre vous. Vous êtes en garde à vue. Vos droits vous seront notifiés ultérieurement.

Dédé se mit à délirer.

— Ultérieurement… Tiens, un gendarme procrastinateur ! Renvoyons carrément aux calendes grecques les droits de la défense. Pinochet, au secours, ils sont devenus fous !

Les gendarmes achevaient de menotter les trois amis, lorsqu'un nouveau ballon surgit à la surface sous le regard interloqué des militaires. Dédé se chargea de les renseigner.

— Eh oui les mecs, c'est pas le tout de capturer et de menotter des innocents ! Y'en a un qui bosse, au fond. Alors toi, le grand ! Oui, toi, je te cause. Prends la gaffe et récupère l'orin. Tu vas jouer à la pêche à la ligne, comme à la kermesse de l'école quand t'étais mouflet. T'as la pochette-surprise au bout. Je veux pas te priver du suspens, mais à mon avis, c'est de la cocaïne. Si c'est un cadre de vélo, tu peux le remettre à la baille. On t'en voudra pas.

— Ferme-la, Dédé, je t'en prie ferme-la !

— Je peux pas. C'est les nerfs.

Vincent avait légèrement repris ses esprits.

— Messieurs, puisque vous êtes équipés, l'un de vous peut descendre, en apnée ou en bouteilles, il n'y a que cinq mètres. D'abord pour demander à notre ami de remonter, mais également pour constater par vous-même la présence d'un submersible coulé.

— Un quoi ?

— Un sous-marin.

Non seulement les gendarmes ne croyaient pas Vincent, mais ils craignaient un piège.

— Le gars en bas, il est seul ? Il n'est pas armé ?

Dédé se mit à rire.

— Tu vas voir que les rainettes schtroumpfs, elles ont la trouille de Gégé ! On peut se demander comment ils auraient réagi s'ils avaient eu affaire aux Colombiens patibulaires surgissant de leur engin un soir d'automne, par un temps venteux et frais !

— Dédé, je t'ai déjà dit de la fermer.

— T'as peur qu'on hypothèque prématurément le capital sympathie dont on bénéficie depuis des lustres auprès de la maréchaussée ? Ça sert à rien. On est faits et refaits. Caramélisés ! S'ouvre grand devant nous une carrière de repris de justice, de forçats tatoués au crâne rasé déambulant comme des zombies dans les couloirs sordides à peine éclairés de néons blafards d'une prison de province.

— Dédé, j'ai les mains menottées dans le dos. Donc, je ne peux pas te coller une tarte. S'il te plaît, ne m'oblige pas à demander à monsieur le gendarme de me remplacer !

— Monsieur le gendarme dont tu causes, c'est peut-être un maréchal des jolies fesses... Excuse-moi, Vincent, c'est encore les nerfs. Faut que je déconne. Je vois les emmerdes arriver en escadrille. Fous-toi à ma place : y'a des métèques à moustache qui essayent de me tuer au crépuscule, je finis à l'hosto moitié crevé, ils me piquent *Marie-Thérèse*, ils me la bousillent à moitié, ce matin je passe au confessionnal chez les cognes, et maintenant ils nous tombent sur le poil alors qu'on a quelques kilos de coke dans les bagages ! Je commence à trouver l'histoire assez burlesque et un tantinet pénible, pas toi ? Et puis, je me berlure pas. Je sais ce qui nous attend ! Le trou, le chtibe, la gamelle, le stage à Graduche-les-Bains. On est fait aux pattes, comme des rats. Y'a aucun avocat qui va vouloir de nous, sauf peut-être un stagiaire bègue commis d'office et poussé par-derrière par sa mère qui persiste à croire en lui, et encore... Dans leur élan, les gonzes, ils sont capables de ressortir la guillotine toute rouillée rien que pour nous autres. Quand je pense que y'a des gus qui gagnent au loto la première fois où ils jouent, et que moi...

Vincent intervint.

— Monsieur le gendarme, vous ne voulez pas qu'on parle entre nous, soit. Alors, s'il vous plaît, faites taire Dubosc ! Bon, je reprends... Au fond de l'eau, vous avez un sous-marin qui est coulé, d'accord ? On a envoyé notre ami Gérard Gautier l'examiner, et comme vous voyez vous-même, Gégé nous remonte des ballots de cocaïne. Voilà tout, c'est simple. Maintenant, soit vous allez vous-même en bas faire signe à Gégé de remonter, soit on attend ensemble qu'il remonte tout seul. Je ne peux pas vous en dire plus.

Le cerveau des gendarmes semblait tourner en roue libre. Ils s'entre-regardaient en cherchant probablement où se trouvait le piège. C'est Dédé qui leur apporta la solution.

— J'ai envie de pisser et avec les menottes dans le dos, c'est pas pratique… alors, si le maréchal des jolies fesses veut bien me la tenir…

Vincent intervint.

— Je vous en supplie, enfermez-le dans le poste avant du bateau, sinon on s'en sortira pas. Ensuite, faites remonter notre ami à la surface et rentrons. Mettons un terme à cette situation ridicule.

Un gendarme équipé d'une bouteille plongea, resta quelques minutes sous l'eau avant de remonter en compagnie de Gégé. En se confiant à ses collègues, il avait l'air totalement halluciné.

— Le gars d'en bas m'a tout montré. C'est complètement dingue. Un sous-marin, un vrai, et à l'intérieur des paquets de cocaïne… un truc incroyable !

Gégé, qui se débarrassait péniblement de son équipement, n'avait pas encore clairement identifié les nouveaux venus, et avec un grand naturel il questionna le gendarme plongeur.

— C'est mes amis qui vous ont demandé de venir ? Vous avez vu que vous ne vous êtes pas déplacés pour rien…

C'est à cet instant seulement que Gégé constata que le trio était menotté.

— Qu'est-ce que c'est que ces façons de faire ! C'est pas réglo. Enlevez-leur ça tout de suite !

Pour toute réponse, ils immobilisèrent Gégé sur le plancher du bateau et le menottèrent à son tour.

Les amis étaient furieux et n'avaient pas envie de faciliter la vie aux gendarmes.

17

QUAND LES CAROTTES SONT CUITES, C'EST LA FIN DES HARICOTS

Vincent prit l'initiative.

— Bon, messieurs, je suppose que vous ne souhaitez pas passer le réveillon ici. Organisez-vous. Il va falloir ramener *Anastasia* à son poste d'amarrage. Je ne vous explique pas comment ça marche. La clef est sur le contact. Le démarreur, c'est le bouton rouge. La commande de guindeau, c'est l'interrupteur vert à bascule et le propulseur d'étrave, c'est le joystick. Vous avez un peu plus d'un demi-million d'euros à votre disposition. La rayure dans le vernis de la coque est au prix unitaire de trois mille euros.

Le plus âgé des gendarmes transigea.

— Si vous le voulez bien, on vous passe les menottes devant et vous barrez le bateau.

— C'est possible, à condition que vous participiez aux manœuvres d'amarrage. Mes amis n'ont pas eu le temps de s'entraîner à passer des amarres, les mains entravées.

*

Ils rejoignirent le port, suivis de près par l'embarcation pneumatique des gendarmes occupée par un seul homme. Toto, Gégé et Dédé étaient silencieusement assis, en rang d'oignons sur la banquette du carré. L'immense Tovaritch, le dos courbé, était complètement abattu. Le regard dans le vague, le visage grave, il semblait ressasser quelque funeste pensée. Lorsque Vincent tourna la tête pour le regarder, il fut très surpris de lire dans ses yeux comme une expression de désespoir. Toto le roc, l'invulnérable, la force de la nature, chancelait, accusait le coup. Vincent avait du mal à l'accepter. Où était Andreï le terrible, Tovaritch l'indomptable? Était-ce l'âge? Ou bien son amour pour Sophie[1] l'avait-il ramolli? Andreï devait se faire un souci d'encre, se ronger les sangs pour eux tous, pour Mélissa et son enfant à venir.

Vincent craignit un instant que le blues de Toto ne l'atteigne à son tour. Il respira profondément, puis adressa un sourire accompagné d'un clin d'œil au géant russe.

— T'inquiète pas Toto, on en a vu d'autres. Ce n'est qu'un mauvais moment à passer.

Tovaritch esquissa un pauvre sourire.

Gégé, lui, n'avait pas encore réalisé la gravité de la situation et ne semblait que vaguement préoccupé.

Quant à Dédé, il avait perdu tout sens commun et s'installait dans un délire rigolard qui devait l'anesthésier. Il avait dressé comme un voile entre lui et la réalité. Il se mit à chanter à tue-tête *À la pêche aux moules*, sous le regard de plus en plus inquiet des gendarmes.

— Il est souvent comme ça, votre ami?

— Seulement les jours fériés des années bissextiles en présence de gendarmes. On l'a bien envoyé chez un psy-

1. Voir du même auteur *Le Fugitif de l'île aux Oiseaux*, collection SO Noir.

chiatre, mais cet excellent praticien a changé de métier après l'avoir ausculté. Faut avouer que c'est un cas assez rare. Il a eu une maladie infantile réputée mortelle. Les seuls survivants de cette terrible affection sont tous restés frapadingues. Et lui, comme vous voyez il a survécu… Mais comme tous les fêlés, il laisse passer la lumière. Et ça, c'est plutôt sympa.

*

Les gendarmes maritimes livrèrent leurs quatre captifs à la gendarmerie territoriale avec un soulagement qu'ils ne prirent même pas la peine de dissimuler. Le gradé de la brigade territoriale semblait plutôt satisfait et arborait un large sourire vaguement moqueur. Il entreprit d'entrée Vincent comme on s'adresse à un chef de bande :

— Je vous avais pourtant bien dit que je vous gardais à l'œil… Vous nous avez raconté des craques. Vous connaissiez l'existence de ce sous-marin et vous nous l'avez caché. Vous saviez qu'il contenait des kilos de cocaïne, que vous projetiez de récupérer. Et pour la pinasse bizarrement retrouvée par vous à Biganos, c'est pareil. Vous saviez où elle était et qu'elle servait au transbordement de la drogue entre votre sous-marin et la terre ferme. Et pour cause ! Vous êtes les auteurs de ce trafic. Il a fallu vous prendre la main dans le sac, les paquets de cocaïne entre les doigts pour que vous en conveniez. Jamais vu des gens d'aussi mauvaise foi…

Vincent s'énerva.

— Nous ne sommes les auteurs de rien du tout, mais les victimes d'un fâcheux malentendu. Cette drogue, nous allions vous la porter, mais l'intervention intempestive de vos plongeurs nous a empêchés de le faire. Notre démarche était civique et citoyenne, et voilà comment on est remercié !

— C'est ça. Et à qui vous voulez faire avaler ça ?

18

UN MOMENT DE DÉLIRE

— C'est pourtant la vérité pure et simple, même si d'après Oscar Wide, la vérité est rarement pure et jamais simple.

— Et il est où ?

— Qui donc ?

— Cet homme… Oscar…

— Depuis 1909, à Paris au cimetière du Père-Lachaise, boulevard de Ménilmontant, dans le xxe arrondissement. De 1900 à 1909, il était au cimetière de Bagneux. Il s'y ennuyait ferme, ses voisins étaient très froids et selon ses dires, l'ambiance était mortelle… alors il a déménagé.

— Laffargue, vous ferez moins le mariole au palais de justice et à la maison d'arrêt. On n'a pas pu vous confondre les fois précédentes, vous vous êtes moqué de nous, mais la roue a tourné et ce coup-ci, vous allez passer à la caisse. J'espère qu'on vous fera payer la note avec les intérêts. La roue tourne…

— Et des fois, la roue pète, ajouta Dédé, rigolard.

— Ça, c'est de l'académicien Jean-Pierre Claris de Florian. C'est une expression tirée de sa fable intitulée *Les deux paysans et le nuage*, précisa Vincent.

Dédé, qui ne voulait pas être en reste, saisit l'occasion au vol. Docte et sentencieux, l'index dressé malgré les menottes, il précisa.

— Ouvrage imprimé par Pierre Didot l'aîné en 1792 ! Oui, monsieur le gendarme. Certes moins connu que son frère Firmin, ce brave Pierre Didot est entré dans l'histoire et passé à la postérité pour avoir été à l'origine d'une expression populaire amusante.

Cette tirade laissa tout le monde interdit, ce qui encouragea Dédé à préciser fièrement :

— Pierre Didot, comme tous les imprimeurs de son époque, avait les mains constamment noircies par l'encre qu'il utilisait. Or, cet homme, possiblement affecté d'une pathologie dont la pudeur la plus élémentaire m'interdit de préciser la localisation, se grattait fréquemment. Cela a entraîné, principalement dans les milieux littéraires, une sorte de légende et la naissance d'une expression imagée : « Noir comme les couilles à Didot ».

Vincent ne résista pas.

— Vois-tu mon cher Dédé, en cette funeste circonstance qui nous autorise à envisager un avenir commun aussi terne que morose, je pense qu'il est assez judicieux de se prémunir des affres du présent en laissant vagabonder nos esprits libres que la soldatesque ne saurait appréhender. Et c'est au gris de nos idées que je pense, et non au noir de l'entrejambe du fameux imprimeur. Et si, pour cela, il te faut user de formes stylistiques aventureuses, n'hésite pas. File la métaphore ! Manie l'adynaton ! Mais sans vouloir te vexer, je doute que ta formule de style soit authentiquement métaphorique… je serais tenté de la qualifier de simple comparaison. Poursuis ton propos, mon cher ami, poursuis ! Je t'en prie.

— T'as raison, bouffi. Je reprends. Il est tout à fait possible que la manie, le toc, attribué à ce malheureux imprimeur soit totalement imaginaire! L'expression susdite est plus probablement le fait d'un misérable écrivaillon publiant une daube ordinaire à compte d'auteur et fâché que le malheureux Didot lui réclame le paiement d'arriérés... Va savoir! Voilà bien une incroyable énigme historique qui pourrait faire l'objet d'une excellente émission de télévision pour sourds et malentendants diffusée une nuit de Toussaint à trois heures du matin sur Arte. Je vois d'ici le titre: « De Didot à Soulages, noir c'est noir, il n'y a plus d'espoir. »

— Quel extraordinaire esprit de synthèse, monsieur Dédé!

Subitement, le gendarme asséna un violent coup de poing sur son bureau métallique. Le clavier de son ordinateur bondit de surprise puis s'écrasa sur le carrelage en dispersant ses touches tous azimuts.

— Vous allez la fermer, oui ou merde? On s'entend plus, ici. Qu'est-ce que c'est que ce bazar!

Vincent et Dédé s'entre-regardèrent l'air accablé, puis Vincent conclut.

— On va récupérer les touches pour jouer au Scrabble. Généralement, c'est quand on refuse de parler que les perdreaux se fâchent. Celui-là, il se fout en pétard parce qu'on cause, t'y comprends quelque chose, toi? Pour un peu, il nous taperait dessus parce qu'on avoue tout. Mieux vaut donc se taire. Souffrons en silence. De toute façon, les grandes douleurs sont muettes.

Dédé leva les yeux au ciel, se signa et acquiesça d'un mouvement de tête accompagné d'un profond soupir.

Le gendarme appela des renforts.

— Foutez-moi tout ça en cellule, je ne veux plus jamais ni les voir ni les entendre. Ils sont toxiques, vénéneux, dangereux, pourris dans la tête. Et vérifiez qu'ils nous ont rien fauché. Je téléphone au proc'. Je suis prêt à donner un mois de mon traitement pour qu'il les embastille, qu'il les empaille, qu'il les écartèle !

19

AU PLACARD

Les gendarmes enfermèrent Toto et Gégé dans une cellule, Vincent et Dédé dans une autre. Quelques heures plus tard, le gradé ouvrit la porte de la cellule de Vincent en arborant un large sourire de satisfaction.

— Vous êtes présentés au Parquet de Bordeaux, demain matin à neuf heures. Le procureur de la République a l'air particulièrement intéressé par votre affaire. Je l'ai trouvé… très motivé.

— Cette affaire n'est pas nôtre, comme vous dites, elle est vôtre. Maintenant, laissez-nous, je vous prie. Avant votre intrusion aussi brutale qu'intempestive, monsieur Dubosc et moi devisions sur Kant et sa *Critique de la raison pure*.

Dédé, allongé sur le bas flanc, pelotonné sous une couverture militaire, confirma en bâillant, abandonnant à la vue du gendarme ses couronnes dentaires en inox. Désespéré, l'homme en uniforme claqua la porte de la cellule. Puis ils l'entendirent bougonner dans les couloirs : « Ils sont fous, branques, fadas, j'en peux plus… »

En prévision de la longue fin de journée et de la nuit suivante à passer en cellule, Vincent, connaissant les conséquences possibles d'un long enfermement sur le psychisme, et pour s'assurer du bon moral des troupes, adopta une attitude de leader. À travers la cloison, il interpella Tovaritch et Gégé.

— Hé, les gars ! Restez allongés et couvrez-vous. Ne pensez qu'à des choses positives et solides. Essayez de dormir un maximum pour tuer le temps et pour être en forme demain. Gardez vos fringues propres. Demain matin, on s'arrangera pour faire un brin de toilette. Dans ma fouille, j'ai un peigne et des mouchoirs jetables. On va y arriver, les amis !

*

Ils furent réveillés tôt et rapidement embarqués dans un fourgon bleu marine. Puis ils prirent aussitôt la route de Bordeaux.

À l'arrêt aux feux tricolores, les enfants installés aux places arrière de voitures familiales les menant à l'école les regardaient avec effroi. Ils devaient se demander quel crime épouvantable ces hommes hirsutes et mal rasés avaient pu commettre pour se retrouver convoyés par les gendarmes vers Bordeaux. Dédé tira même la langue à un garçonnet qui, effrayé, disparut instantanément derrière la portière de l'auto.

20

AU PALAIS DE JUSTICE

En voyant Vincent, le procureur de la République arbora un air accablé qu'il estimait de circonstance.

— Mon pauvre Laffargue, vous êtes tombés bien bas. Quel dommage… Vous étiez un bon policier. Je vous ai toujours soutenu, vous le savez.

Puis, en désignant les amis de Vincent :

— Qu'est-ce que vous faites avec ces individus ?

Vincent éclata de rire et s'en excusa immédiatement.

— Des fois, je me le demande… C'est vrai qu'aujourd'hui, ils ne sont pas très décoratifs. Ils supportent mal la garde à vue et le transport. Un peu comme les airelles et les coquelicots, ce sont des êtres fragiles et délicats.

— Tovaritch, c'est lequel d'entre vous ?

Toto leva timidement un doigt.

— Les premières investigations de la section de recherches laissent déjà apparaître que vous avez un train de vie fastueux et une fortune considérable. Attendez-vous à ce que le juge d'instruction ordonne la saisie de vos avoirs qui proviennent probablement d'un commerce illicite et d'une activité criminelle. Il s'agit d'une saisie conservatoire pour la sûreté des pénalités à venir.

Tovaritch commença à s'expliquer, en faisant l'effort d'être le plus calme possible.

— Monsieur le procureur. Jusqu'à maintenant, je n'ai trop rien dit. J'ai supporté qu'on m'arrête, qu'on me mette en cellule en raison d'un simple malentendu dont la dissipation demande un certain temps, ce que je comprends et que j'accepte tout à fait. Mais n'allez pas au-delà ! On a les apparences contre nous, certes ! Si vous me coupez les vivres, vous allez mettre des personnes de mon entourage en danger, et parmi elles une femme enceinte. Et ça, je ne l'accepterai pas.

Puis, il s'échauffa.

— Et ce sera la guerre ! Et la guerre, je connais ! J'ai bien connu l'Afghanistan à la belle époque, la Tchétchénie belliqueuse et séparatiste. Je me suis également tapé quelques mois en camp de travail en Sibérie, et c'est pas votre maison d'arrêt pour ecclésiastiques cacochymes qui me fait peur. Attentez à ma réputation, à mes affaires si vous voulez, je m'en fous, mais ne vous en prenez pas aux filles ! Si vous vous en prenez à elles, je passerai peut-être le reste de mes jours en cabane mais vous pourrez vous faire construire un palais de justice tout neuf, une cinquantaine de brigades de gendarmerie et une prison à la mode. Je ferai venir une centaine de camarades tchétchènes avec des explos, du Semtex, du naphtalène et du palmitate de sodium, du TNT, de la dynamite, du TATP, du nitrate-fioul et tout ce qui fait boum ! Vous ne retrouverez même pas la dune du Pyla, boum ! Je vous la transforme en étang pour pédalos et pêche au goujon. Ça va cinq minutes, vos petites blagues, mais y'a des limites ! On l'a déjà dit aux archers, et on vous le répète. On n'a rien fait ! On n'a rien à voir avec cette histoire de cornecul. Merde !

Dédé jugea utile de commenter.

— Et oui ! Comme disait la belle-sœur de Lao Tseu : « On ne met pas le doigt dans le trou du cul du tigre qui fait la sieste. »

Tovaritch se leva subitement de sa chaise. Jamais il n'avait paru si grand et si fort. De façon inexplicable mais tout à fait spectaculaire, il retira ses menottes en force – s'arrachant au passage la peau du dos des mains –, puis les lança sur le bureau du procureur. Ensuite, il se dirigea calmement vers la sortie. Le gendarme de faction devant la porte n'eut pas le temps de réagir. Tovaritch le poussa d'une puissante bourrade en lui faisant remarquer :

— Pousse-toi de là, tu vois pas que tu gênes !

Le militaire traversa le bureau en marche arrière avant de s'étaler contre la porte vitrée de la bibliothèque qui vola en morceaux.

Puis Andreï quitta tranquillement le bureau du procureur en bougonnant. Vincent, menottes aux poignets, se lança immédiatement à sa poursuite.

— Toto, arrête de faire le con ! C'est un malentendu.

Un gendarme déambulant dans la salle des pas perdus fonça droit sur Tovaritch, sous les yeux de Vincent qui voyait un drame se préparer. Lorsque le gendarme arriva au contact, Tovaritch, avec une sorte de mépris, lui asséna une gigantesque baffe, puis se remit paisiblement en route vers la sortie. Il semblait être devenu insensible à tout. La douleur, le bon sens, le raisonnement n'étaient plus de son monde. Il n'était qu'une boule de fureur d'une froideur et d'un calme terrifiants.

Il s'arrêta à l'accueil et demanda avec courtoisie à l'hôtesse terrorisée de lui appeler un taxi, puis il alla sagement patienter sur une banquette. À quelques mètres de là, en retrait, le procureur s'entretenait de façon animée avec Vincent qui était toujours menotté.

— Monsieur le procureur, laissez-moi faire, je vais le ramener à la raison. Fallait pas lui parler comme ça... Vous me l'avez mis dans un état pas possible. Je suis sûr que si les gendarmes lui tirent dessus, il est capable de se lever pour leur mettre des torgnoles. Dédé vous l'a dit. On ne met jamais le doigt dans le... si je puis me permettre, monsieur le procureur.

— Allez-y, allez-y ! Arrangez ça avec cet ours. Cette situation est ridicule. Et puis, enlevez ces menottes, vous êtes grotesque.

— Vous en avez de bonnes... J'ai pas les clefs, moi !

Vincent alla s'asseoir à côté de Tovaritch sous le regard épouvanté de l'hôtesse d'accueil.

— Toto, maintenant tu vas arrêter de faire le con ! Tu vas revenir gentiment avec moi dans le bureau du proc'.

— Faut qu'il arrête de me menacer. On n'a rien fait, c'est à lui de se calmer. Et puis tu l'as vu ? Il est enflé comme un stockfisch de contrebande qui serait venu à pied des îles Lofoten. Imagine-toi que je lui en colle une ! Je lui arrache la tête comme à une crevette grise de l'estuaire. Non, il vaut mieux que je me barre.

— Bon, allez, arrête Toto. On y va ? Tu me promets d'être calme ?

— C'est bien pour te faire plaisir. Moi, je trouve que ça suffit, qu'on a assez rigolé avec cette histoire à la noix. T'as vu ce palais de Justice ? Des salles d'audience en forme de cases canaques. Je te ferais péter tout ça, moi...

— Tu vas te taire. Les cases canaques, c'est une allégorie.

— Allégorie à quoi ?

— Il faut laisser libre cours à l'imagination des gens.

— Parce que tu crois que le gus qui vient passer au trapèze parce qu'il s'est fait gauler au volant de sa bagnole en excès de vitesse avec trois grammes dans le pif, il laisse libre cours à son imagination ? Il se fout autant des cases canaques que des igloos esquimaux. Ce qu'il veut, c'est récupérer son permis de conduire à l'audience pour aller fêter ça le soir même en se prenant une murge avec des potes et rentrer à la maison avec quatre grammes dans le cornet avant de filer des baffes à maman…

— Toto, ta vision de notre société est quasiment houellebecquienne.

— Si tu le dis… et ton proc', il est pas houellebecquien, lui ? D'ailleurs, maintenant que tu le dis, il a la même touche que lui. Tu crois qu'il va arrêter de dire des conneries ?

Par une fenêtre donnant sur la rue des frères Bonie, Vincent aperçut un fourgon de couleur sombre portant le sigle du RAID. Des hommes en combinaison noire sortaient boucliers et fusils pendant que d'autres ajustaient leur casque.

— Faut y aller, Toto, parce que j'ai l'impression que tout le monde ne partage pas tes conceptions juridiques et pourraient être tentés de t'apporter la contradiction de façon obstinée.

En fait, le procureur ne voulait plus les voir.

— J'ai fait ouvrir une information judiciaire. Votre affaire est entre les mains du juge d'instruction. C'est terminé pour moi.

— C'est Martin qui est juge de permanence ?

— Oui, mais c'est le juge André qui prend votre affaire.

— Et pourquoi donc ?

— Je ne sais pas. C'est le doyen qui a décidé.

— Monsieur le procureur, s'il vous plaît, ne me prenez pas pour plus bête que je ne suis. Vous savez bien qu'André me déteste, que cela fait des années qu'il rêve de me faire tomber. Le doyen et vous, vous avez fait en sorte de le saisir, de lui faire plaisir. Vous êtes assurés de sa motivation, voire de son acharnement à mon encontre. Mais sa saisine hors du tableau de permanence n'étant juridiquement justifiée par rien, je la réfute, je la rejette ainsi que mes amis et mes avocats. Je ne comparaîtrai pas devant ce magistrat. Je soulève d'ores et déjà l'illégalité de la saisine du juge André et réclame la nullité de la procédure.

Joignant le geste à la parole, Vincent s'assit par terre, immédiatement imité par Tovaritch, Dédé et Gégé.

— J'en appelle à la ligue des droits de l'homme, à *Human Rights Watch*.

— Je dénonce une décision antisémite ! La Licra avec nous ! brailla Dédé.

Vincent, surpris, se tourna vers lui.

— T'es baptisé au sécateur ?

— Pas que je sache. Mais je me dis que ça se tente. Ils vont quand même pas me demander de prouver que je suis trépané du gland en me descendant le bénard. Ça se fait pas.

Vincent eut une illumination.

— Nous refusons de comparaître devant ce magistrat pétri de préjugés, et internationalement connu pour détester les policiers, les Russes, les retraités de la SNCF et les anciens détectives privés ! Nous ne nous inclinerons pas devant le crypto-fascisme rampant ! Résister à l'oppression est pour nous un devoir moral d'hommes libres.

Les quatre comparses furent réintégrés dans leurs cellules individuelles du sous-sol du palais de Justice.

21

DIRECTION LA MAISON D'ARRÊT

Deux heures passèrent… puis Vincent entendit la voix d'un homme annonçant à un autre dans le couloir.

— Ça y est, c'est décidé, c'est quatre mandats de dépôt. Tu peux préparer la charrette.

Vincent accusa le coup. Il savait ce qu'une incarcération signifiait. La machine à broyer, à laminer le caractère, à épuiser l'énergie, à anéantir tout espoir. Des engrenages qui cassent tout, pour toujours, et ne réparent rien. En prison, Tovaritch allait se battre avec ses codétenus. Avec un peu de malchance, il en estropierait un ou deux. Dédé, lui, se laisserait mourir en souriant. Gégé chercherait un moyen d'échapper au plus dur de la détention, voire de s'évader.

Leur aventure prenait un tour dramatique. L'heure n'était plus à la galéjade ou à la provocation. Il allait falloir adopter profil bas, plier le genou et courber l'échine, se plaindre et réussir à se faire plaindre. Tout ce dont Vincent avait horreur.

Un gendarme nerveux vint subitement, à grands coups de clef, déverrouiller les quatre minuscules cellules.

— Allez-y, messieurs, debout ! Direction le palais des Délices, cinq étoiles. Présentez vos poignets !

Les quatre amis, incapables de prononcer un mot, tendirent tour à tour leurs bras pour se faire menotter. Visiblement, ils étaient profondément affectés, choqués de ce qui leur arrivait, incapables de réagir ou de réfléchir. Ils n'osaient même pas s'entre-regarder, de peur de se déprimer les uns les autres.

En silence, ils montèrent chacun leur tour dans le fourgon cellulaire qui quitta immédiatement le palais de justice pour se diriger vers les quais de Garonne. Puis le véhicule emprunta l'autoroute pendant quelques minutes, avant de la quitter pour continuer sur une route étroite et peu fréquentée. Le fourgon cheminait depuis peu à vitesse réduite, lorsqu'il pila pour s'arrêter définitivement. Les détenus, déséquilibrés, essayèrent maladroitement de se retenir de leurs mains entravées. Mentalement, Vincent suivait la route que le véhicule empruntait. Ils ne pouvaient pas déjà être à la prison ! Qu'est-ce qui pouvait bien se passer ?

Du dehors leur parvinrent des exclamations confuses, des cris de surprise, des bruits de portières qui claquent. Puis subitement :

— Sortez, allez sortez, vite !

Une fois à l'extérieur du fourgon, Vincent put enfin, comme les autres captifs, embrasser des yeux l'étrange situation. Il ne s'agissait ni d'un embouteillage, ni d'un accident… mais bel et bien d'une attaque en bonne et due forme du fourgon cellulaire ! Le véhicule administratif était coincé entre un gros 4x4 japonais de couleur noire et un véhicule utilitaire blanc. Cinq hommes cagoulés et armés de fusils tenaient les trois gendarmes en joue. Deux d'entre eux dirigèrent avec autorité les quatre amis vers un minibus noir aux vitres teintées.

— Montez!

Le ton était plus celui d'un ordre que d'une proposition. Tous s'exécutèrent sans barguigner et s'assirent sur les sièges du fond. Trois des cinq hommes les rejoignirent et le minibus démarra instantanément. Vincent fut très surpris de la vitesse et de la coordination du commando qui avait agi sans parole ni hésitation. Les deux individus restés sur les lieux continuaient à tenir en respect les gendarmes, attendant probablement que le minibus soit suffisamment éloigné pour décrocher à leur tour. Le commando semblait pour le moins aguerri.

À l'intérieur du minibus, deux des trois hommes leur faisaient face, pendant que le troisième conduisait. Il sembla à Vincent que le véhicule revenait vers Bordeaux. Un des cerbères se leva, tira les rideaux de toile devant les fenêtres et leur distribua des bandeaux à chacun.

— Mettez ça!

En même temps le conducteur alluma la radio et en poussa le volume.

— Des pros, des vrais, ils savent qu'en identifiant un bruit original et familier on peut se localiser... se dit Vincent qui s'inquiétait de plus en plus.

Les questions se bousculèrent dans son esprit.

— Qui sont-ils? Pourquoi nous avoir enlevés? Que vont-ils faire de nous?

La circulation devenait plus hachée, plus fréquemment interrompue, et le minibus était cerné par le brouhaha de nombreuses voitures. Vincent comprit qu'ils étaient entrés dans Bordeaux.

Puis ce fut un arrêt du moteur suivi d'une ouverture de portière. Un homme descendit; Vincent distingua le grincement d'un portail métallique qui coulissait péniblement, en grondant et couinant. Puis à nouveau, le ronflement du moteur qui se mit à résonner avant de se taire. Le claquement des portières résonna comme dans une cathédrale.

Sous le pied, un béton rugueux. Une odeur d'acier, mêlée à celle de vieux caoutchoucs, avec peut-être de l'essence, du moins un hydrocarbure… et cet étrange et inimitable fumet de vieux, association de sale et d'abandon.

Soudain, une clef ragassant longuement dans une serrure, une porte ne s'ouvrant que sous la contrainte et le gémissement de ses gonds métalliques. On les accompagnait au fond d'une longue pièce avant de faire quelques pas en arrière.

— Messieurs, vous voilà arrivés. Vous pouvez ôter vos bandeaux. Voici les clefs de vos menottes. Vous êtes là pour quelque temps. Au pire, quelques jours. Vous avez un coin toilettes avec un point d'eau sur la gauche. Sur la table, au fond de la pièce, de quoi boire et manger. Quatre tapis de gymnastique, quatre couvertures. C'est spartiate, j'en conviens, mais normalement vous n'êtes pas là pour longtemps. Juste le temps que les affaires que vous savez rentrent dans l'ordre. Je sais que vous me comprenez. N'essayez pas de vous enfuir. D'ici, c'est impossible. On viendra vous rendre visite chaque jour.

Sur ce, l'homme sortit, verrouilla soigneusement la porte, puis Vincent entendit les pas s'éloigner. Mais Dédé vint parasiter l'écoute attentive de Vincent.

— T'as vu ce mec comme il nous a parlé ! Pour un peu, je lui claquais le museau, à ce calicoba.

— Chut ! Tais-toi !

22

SÉQUESTRÉS

Vincent entendit le grondement du moteur du minibus s'éloigner, puis le bruit du portail coulissant. S'ensuivit un silence presque absolu, traversé par un léger bourdonnement lointain et intermittent impossible à identifier. Ils étudièrent longuement cet étrange vide sonore dans l'espoir d'y découvrir un élément, un indice, mais ils ne relevèrent que les gargouillis de leurs intestins et le souffle de leurs respirations.

Vincent, le premier, brisa le silence.

— Un train, un bus, un tramway, un avion, un camion de pompiers, une voiture de flics ! J'en demande pas plus pour me repérer.

Estimant que les investigations sonores ne menaient à rien, Gégé s'était déjà absorbé dans l'examen visuel des lieux.

— Une friche industrielle. Ils nous ont enfermés dans une pièce qui se trouve au fond d'un entrepôt désaffecté. Et c'est pas tout neuf. Briques de la Tuilerie des Écus, charpente métallique, puits de jour en verre cathédrale armé. Je serais tenté de dire 1930, non ? Et pour la localisation, j'aurais bien pensé à Bordeaux Nord, derrière les

Bassins à flot, mais au plan sonore, c'est pas ça, c'est trop calme… alors, je dirais Bassens. Ou Floirac.

Vincent opina.

— Bien vu, Gégé, ça colle avec la durée du trajet. Maintenant, faut qu'on garde le cerveau occupé, qu'on organise notre temps, les minutes, les heures, les journées. Et faut s'occuper de ce qu'on mange. Je vais vous poser une question à tous. J'attends vos réponses, puis on visitera les lieux, centimètre par centimètre, pour voir si on peut se barrer de là, trouver de quoi confectionner une arme et je ne sais quoi encore. Après, on organisera nos paillasses pour la nuit. Alors ma question est la suivante : Qu'est-ce qu'on fait là ? Et plus précisément : pourquoi des gens, semble-t-il malhonnêtes, nous ont-ils arrachés des mains de la justice pour nous enfermer ici ? Je m'explique. Si ça leur fait plaisir qu'on soit enfermés, pourquoi ne nous ont-ils pas laissés bouclés à la maison d'arrêt ? Là-bas, non seulement on ne risquait pas de s'enfuir, mais ils n'avaient pas besoin de se soucier de nous ! Et puis surtout, ils ne prenaient pas le risque fou de cette opération d'enlèvement digne d'une attaque de diligence !

L'interrogation de Vincent sembla plonger les amis dans un abîme de perplexité. Puis Gégé hasarda une réponse.

— Ils avaient peur qu'on parle.

Il n'en fallait pas plus à Dédé pour railler sa réponse.

— Peur qu'on parle de quoi, couillon ? On sait rien de cette putain d'affaire, rien de rien. Celui qui en sait le plus c'est moi, et je sais quoi ? Que j'ai vu deux méchants gonzes à contre-jour, que j'ai pris un pet sur la cafetière et que j'ai fini à la baille. Tu crois qu'ils ont peur qu'on aille baver aux magistrats ? Tu crois qu'ils pensent qu'on en sait plus que ça de leurs salades d'Amérique latine ? Et puis si vraiment ils étaient convaincus qu'on savait trop de choses sur eux et leurs affaires, pourquoi qu'ils nous ont pas butés ? Non, moi je vois pas.

Vincent appuya Dédé.

— C'est pas con. T'as raison. Faut chercher ailleurs. Toto, ton avis ?

Tovaritch prit l'air pénétré que Vincent lui connaissait lorsqu'il était confronté à une problématique délicate.

— Qu'est-ce qu'on sait ? Qu'ils ne veulent pas qu'on soit jugés. Qu'ils ne veulent pas qu'on soit libres. Qu'ils ne veulent pas nous buter. En bref, on sait ce qu'ils ne veulent pas, mais on ne sait pas ce qu'ils veulent.

Gégé intervint.

— Précision importante ! Qu'est-ce qu'il a dit déjà, le mec en partant ? « Vous êtes là pour quelque temps, au pire quelques jours. » Ça veut dire quoi ? Qu'ils envisagent de nous relâcher mais qu'ils ne savent pas trop quand. Pourquoi ? Donc en prison on les gênait, à savoir pourquoi, et en liberté on les gênait au moins dans les jours à venir et… à savoir pourquoi !

Dédé donnait des signes de faiblesse et commençait à s'impatienter.

— Pendant que vous vous faites péter les boyaux du cigare, je vais voir ce qu'ils nous ont laissé à manger.

— Ben moi, je crois que j'ai une idée, marmonna Vincent.

Tovaritch l'encouragea.

— Vas-y.

— S'ils nous ont exfiltrés, c'est peut-être qu'ils craignaient que la justice nous disculpe trop vite, nous relâche trop tôt et réoriente ses recherches et son enquête dans la bonne direction. Tout simplement ! Nous, en fuite ? Y'a pas meilleur aveu de notre culpabilité ! C'est nous les méchants trafiquants, pas la peine de chercher plus loin. Des innocents n'engagent pas un commando armé pour les soustraire à la justice. Et pire que ça les amis : on sert d'appeau, de leurre, comme dans les courses de lévriers. Y'a tous les flics de France et de Navarre qui vont nous chercher et qui, entre nous soit dit, ne risquent pas nous trouver ! Et pendant ce temps, les autres rigolos sont peinards et achèvent tranquillement leur besogne. Comme l'a souligné Gégé, ils ont besoin de quelques jours. Et pour quoi faire, ces quelques jours, je vous le demande ? Terminer leur business, effacer toutes les traces, et débarrasser le plancher. Et nous, après ça, on refait surface juste pour les emmerdes. T'iras raconter au juge André que tu n'y es pour rien dans l'attaque du fourgon cellulaire, que t'as passé ces derniers jours sur un tapis de gymnastique dans un entrepôt désaffecté complètement paumé, mais que t'en as pas la preuve, et que tu ne sais même pas où il est ! Il va se taper sur les cuisses, et il aura mal aux abdominaux à force de rigoler, le juge André ! Je commence à comprendre leur manège... C'est tout sauf des idiots, ces gars. On s'est fait baguer comme des pigeons ramiers.

23

INVENTAIRE

Après un instant pendant lequel tout le monde sembla digérer la nouvelle, Vincent poursuivit :

— Bon, allez, il faut se familiariser avec les lieux avant la nuit. Y'a pas l'électricité dans notre loft.

Tous acquiescèrent et allèrent inspecter avec soin les denrées alimentaires entreposées sur une table. Il était totalement impossible d'identifier la provenance des aliments. Que des produits de grandes marques de distribution totalement anonymes. Il était clair que ce n'était pas involontaire. Les seize bouteilles d'eau Cristalline correspondaient à une autonomie de quatre jours. Il y avait aussi des aliments ne nécessitant pas d'être cuits ou chauffés, des boîtes de conserve à ouverture rapide et facile.

Ils passèrent aux tapis de sol, produits eux aussi de la grande distribution. Quant aux couvertures, elles semblaient provenir d'un surplus militaire ou d'une entreprise de déménagements.

Ils continuèrent l'inspection des lieux sans rien découvrir de susceptible de les aider. Ils disposèrent leurs matelas à côté les uns des autres et se hâtèrent de dîner avant la nuit noire.

Vincent pensa que l'arrivée de la nuit allait alourdir le sentiment de solitude et risquait de faire émerger quelques idées sombres chez l'un ou l'autre.

— Bon, allez les gars. Pas de pensée négative. On n'est là que pour un moment et on le sait. On n'a pas perdu la maîtrise de notre avenir.

*

Le lendemain matin, ils se réveillèrent tous les quatre en même temps, au lever du jour. Peut-être était-ce dû à un bruit qu'ils avaient déjà oublié. Involontairement, Vincent donna ses premières directives.

— On n'a ni eau chaude, ni café. Et il fait pas bien chaud. Moi, je serais d'avis de rester sous la couverture, en mode économie d'énergie. Il faut tuer le temps, on n'a que ça à faire. Le premier qui se lève apporte des biscuits et de l'eau aux autres. J'ai vu des morceaux de bois dans le coin du fond. Cet après-midi, on va fabriquer un jeu de palets.

Personne n'émit d'objection à la proposition de Vincent et ils s'attardèrent sur leurs couches dans une sorte de demi-sommeil comateux jusqu'à ce que Dédé, taraudé par une vessie en surpression, se lève brutalement.

— T'as perdu ! Apporte nous une collation à chacun, puis en suivant, t'essaieras de confectionner le déjeuner de midi, et tu nous avertiras lorsque ce sera prêt.

— Je veux bien, mais alors demain je fais rien !

— T'as encore rien fait et tu rouspètes déjà.

Tovaritch avait l'air sombre.

— Qu'est ce qui te chiffonne, Toto ?

Le Russe haussa ses larges épaules.

— Les filles, bien sûr. Qu'est-ce qu'elles vont penser à notre sujet ? Comment vont-elles se débrouiller ? Est-ce que les gendarmes ne les malmènent pas trop ? Et puis, le plus dur, c'est de ne rien pouvoir faire, d'être là comme des moutons idiots. On subit, on tourne en rond, on attend que Dédé aille pisser pour commencer à vivre. Ça ne me va pas... pas du tout.

— Qu'est-ce que tu veux faire ? Tu veux qu'on s'évade ?

Tovaritch n'eut pas le temps de répondre. La serrure de la porte du hangar claqua comme une culasse de fusil. Un homme cagoulé, les bras chargés, entra sans hésitation dans la pièce. Un autre resta dans l'embrasure de la porte, un fusil en travers du corps, l'index tendu sur la détente.

— Messieurs, je n'ai que de bonnes nouvelles à vous annoncer. Premièrement, voici de quoi vous sustenter. Pizzas chaudes, pain frais, fromage, vin rouge de qualité et même... cigarettes, vous voyez qu'on pense à tout. Deuxièmement, nous allons écourter votre séjour. Vous allez recouvrer la liberté dès demain ! En fin de matinée ou en début d'après-midi. Donc, il est inutile de nourrir des projets d'évasion, d'autant que nous surveillons les abords extérieurs et qu'il nous déplairait de devoir éliminer l'un de vous – voire vous quatre – en raison d'une impatience inutile. N'est-ce pas ?

Les deux hommes quittèrent la pièce en verrouillant soigneusement la porte.

— Tu crois qu'ils nous ont démasqués ? souffla Dédé, inquiet.

— Non. C'est du bluff. Ils savent tout simplement que quatre gars normaux enfermés comme nous le sommes nourrissent obligatoirement un projet d'évasion, comme ils disent. C'est tout.

— Ils sont psychologues ! En attendant, on va se taper la cloche.

En mangeant, Vincent essayait de décrypter le sens de la dernière intervention de leur geôlier. « Nous allons écourter votre séjour… demain… fin de matinée ou début d'après midi. »

Que s'était-il passé d'imprévu, qui semblait heureux, et qui puisse anticiper leur libération ? Ils pouvaient la programmer pour demain, mais sans pouvoir avancer une heure précise. Quel pouvait être ce paramètre leur échappant, indépendant de leur volonté ? Il comprenait d'autant moins qu'il peinait à réfléchir, ses acolytes requinqués à l'idée de leur libération prochaine ayant décidé de se lâcher.

Ils commençaient à faire un mauvais sort au stock de vin. Le repas roboratif et la perspective d'un départ imminent les avaient mis en joie, et ils ne tardèrent pas à entreprendre une partie de billes endiablée – ils avaient déniché des éléments de roulement dans un coin –, ce qui les occupa un bon moment. Puis, ils allèrent s'allonger en rang d'oignons. Dédé, qui avait discrètement achevé la réserve de vin de Bordeaux, signifia en ronflant qu'il était le premier à s'être endormi. Pour le rejoindre dans le sommeil, Vincent s'efforça de ne plus réfléchir aux mystérieuses raisons de cette captivité ni au fait que, soudainement, il ait été décidé de l'écourter. Cela ne servait à rien.

*

La lumière du jour et la fraîcheur matinale les réveillèrent assez tôt. À en croire leur geôlier, ils n'avaient plus que quelques heures à tuer, mais ils s'impatientaient déjà. Ce n'est qu'en fin de matinée que le bruit du portail coulissant, précédant celui de l'ouverture de la serrure, les fit sursauter.

24

LIBÉRÉS !

Comme les fois précédentes, l'un de leurs ravisseurs cagoulé s'approcha d'eux pendant qu'un second, armé d'un fusil, se tenait en retrait. Le premier leur demanda de présenter leurs poignets joints, puis prestement, les immobilisa à l'aide d'un collier d'électricien en plastique. Il tendit à nouveau un bandeau à chacun d'eux et leur ordonna de le mettre immédiatement, tout en donnant l'impression de s'excuser.

— Ne vous inquiétez pas, il n'y en a pas pour longtemps. C'est juste histoire de. Dans une heure, tout cela ne sera qu'un mauvais souvenir. Allons-y.

Ils reprirent leurs places dans le minibus et se turent, toujours en quête d'un indice leur permettant de se localiser. Cela n'échappa pas à leur geôlier qui remonta hermétiquement les vitres du fourgon, et poussa le volume de la radio jusqu'à ce qu'il couvre le bruit du moteur. Mais il ne pouvait pas tout dissimuler… Bientôt, le minibus roula à vive allure, régulièrement et sans coups de frein. De temps à autre, les passagers pouvaient entendre, sur la droite du minibus, le rugissement d'un moteur de camion qu'ils dépassaient.

Enfin, ils constatèrent une légère décélération suivie d'un rond-point, lui-même suivi d'une longue accélération et d'un nouveau giratoire.

Ils avaient quitté leur prison depuis une heure lorsque le véhicule s'arrêta.

— Terminus, messieurs ! Ne descendez pas, c'est inutile, et ne bougez pas. On vous laisse le fourgon. On pose les clefs dans la boîte à gants. Sur le tableau de bord, vous trouverez une pince coupante pour vous débarrasser des colliers. Attendez cinq minutes avant d'enlever les bandeaux et de bouger.

Il s'ensuivit une brève cavalcade, puis plus rien. Dédé tenta de dire quelque chose, mais Vincent le réduisit au silence d'un violent coup de coude dans les côtes.

— Mais, écoute, couillon !

Un moteur de grosse cylindrée rugit, puis le ronflement s'éloigna pour finir par disparaître

— Té, ponctua Dédé, devine !

— Devine quoi ? s'énerva Vincent.

— Si c'est pas un moteur de Mitsubishi L200, je veux bien me couper l'oreille gauche avec un sécateur rouillé.

Sans avoir besoin de se concerter, ils enlevèrent leurs bandeaux en même temps et lâchèrent le même soupir de soulagement. Ils s'entre-regardèrent, vaguement incrédules. Une pince coupante trônait effectivement sur le tableau de bord du minibus. Vincent s'en empara, sectionna lestement le collier de plastique entravant les mains de Dédé et lui tendit la pince.

— Continue !

Dédé, souriant, sectionna avec enthousiasme les colliers de ses trois autres amis avant de s'attarder dans la contemplation de la pince coupante.

— Une Facom en inox, ça vaut au moins vingt-cinq euros ! Je me la garde.

Puis, il tira les rideaux noirs de la vitre de custode et s'exclama :

— Vincent, regarde où c'est qu'ils étaient garés les empétardés, regarde !

Obéissant, Vincent jeta un coup d'œil avant de décevoir Dédé.

— Ben, je vois rien. Ils étaient probablement là sur le bas-côté, mais ils sont partis.

— Bougre de couillon ! Tu vois pas, là ? Les traces dans le sable humide ? Viens, on va voir ça de plus près.

Ils descendirent du minibus et s'approchèrent des empreintes laissées par les pneumatiques dans le sol meuble. Triomphant, Dédé interrogea Vincent.

— Alors qu'est-ce que t'en penses ?

— Y'a pas à dire… ça y ressemble.

— Ça y ressemble pas, ça en est. 255/65/17 et de marque Hankook, monsieur le commissaire ! Comme à Biganos…

— Dédé, il faut que tu m'expliques comment tu fais pour t'y connaître en pneus comme ça. C'est pas à la SNCF que t'as appris ça ?

— Encore que… j'aurais pu. Dans les années cinquante, beaucoup de trains régionaux étaient sur pneus, tu sais. Que du Michelin. D'où le nom qu'on a donné à ces trains, les fameuses michelines. Faut pas que je m'égare sinon, tu vas me rappeler à l'ordre. Tu connais mon copain Marcel, celui qui habite en face de chez moi. Il a un pick-up L200. J'étais avec lui quand il l'a acheté, et on va à la chasse et aux champignons avec ce véhicule. On porte du bois, des matériaux dans la benne alors que dans la cabine, c'est le luxe. Y'a même des sièges qui chauffent les fesses! Et pour les boudins, je l'ai aidé à permuter les roues, je les connais. Ah! Si j'avais de l'argent... dis-toi bien que je garderais quand même ma 4L! Mais quel confort, cette bagnole... Tu mets un gibier mort qui pisse le sang ou du poisson dans la benne, un coup de jet et c'est propre.

— C'est vrai que dans ta charrette, ça pue autant le calamar décomposé que le cadavre de sanglier pourri. Mais là, chapeau Dédé! T'as bien joué. Les mecs qui nous ont serrés sont les mêmes qui ont vidé la schnouf de *Marie-Thérèse* à Biganos. Tu nous as sacrément fait avancer. C'est quand même assez rare que tu fasses preuve de perspicacité... suffisamment rare même pour être souligné.

— De la part d'un chapon, ça m'atteint pas.

— De la part de... ?

— D'un chapon... d'un poulet sans couilles, si tu préfères.

— Merci, mais je ne vais pas être en reste. L'autre soir chez Toto, tu as expliqué aux filles que ta calvitie rose et brillante était le témoignage d'une grande intelligence.

— Exactement.

— Mais je remarque que tu as une couronne de cheveux qui te fait le tour du crâne.

— Absolument.

— C'est donc signe que t'es intelligent au milieu et un peu con sur les bords, non?

Vincent jeta un regard périphérique.

— T'as vu où elle nous a laissés, la bande à Fantomas?

— À côté d'Arès. Quatre directions possibles. Prudents, les gonzes. Mais en face, on rejoint la D 106 et on est au Ferret. On n'est pas loin de chez Toto, c'est pratique, non?

— T'as raison, allons-y. Je prends le manche. Allez, les gars, en voiture ! Dans moins d'une heure j'embrasse Mélissa, et après j'embrasse Tatiana, et puis Sophie, et à nouveau Mélissa… J'espère qu'on pue pas trop. T'as vu la gueule de Toto, avec sa barbe de gardé à vue abandonné au fond des geôles de Staline, ses cheveux dans tous les sens et ses valoches sous les yeux ? Il fait pas envie, le Russe.

Le minibus, débordant des rires des quatre compères, démarra en patinant sur le bas-côté sablonneux. Mais Dédé, en fin tacticien, sut anticiper brillamment les difficultés à venir.

— Qu'est-ce qu'on bouffe ce soir ?

Gégé s'en mêla.

— On va bien manger, mais pas trop. On va bien boire aussi, mais pas trop. J'ai pas envie de m'endormir en sursaut à côté de Tatiana en ronflant comme un verrat. D'ailleurs, dès mon arrivée, je passe sous la douche. Je me brosse les dents, je jette ces fringues, je ne peux plus les voir.

Vincent jugea utile de commenter.

— C'est le plus grand risque d'un enfermement prolongé. La perte de l'estime de soi, l'auto-détestation, ça peut mener loin… au suicide, comme souvent en prison.

Dédé donna son avis.

— Putain de moine, moi j'ai plus envie de me taper la cloche et de me péter la ruche que de me suicider.

Vincent modéra son enthousiasme.

— Toi, tu rentres même pas dans la maison. Tu pues trop le rat crevé. Tu passes directement et tout habillé sous le jet d'eau du jardin. On t'enverra une serviette et des vêtements propres par la fenêtre, et tu te frotteras à l'eau froide.

25

MACHIAVÉLIQUE

Ils en étaient là de leurs taquineries tandis que le minibus traversait le village de Petit Piquey à vitesse raisonnable. Soudain, Vincent remarqua la présence de trois gendarmes sur le côté gauche de la route. Les militaires se tenaient debout, les bras croisés, devant le bâtiment de la brigade.

Ils avaient l'air décontracté mais semblaient néanmoins surveiller attentivement les véhicules en provenance de Bordeaux. Les comparses passèrent devant eux en faisant mine de ne leur prêter aucune attention, mais les trois militaires suivirent le minibus des yeux. Puis, dans le rétroviseur, Vincent put voir que les trois hommes se lançaient des commentaires vifs et animés et ne regardaient plus du tout la route. Les quatre amis échangèrent sans mot dire des regards inquiets.

— Tu penses comme moi ? commença Toto.

— Exactement, acquiesça Vincent, c'est pas normal…

— Ça pue, ça pue ! Ça sent le tour de con ! s'emporta Gégé.

Mais Dédé, déjà démoralisé ne voulait pas être en reste.

— Soit ils ne nous ont pas reconnus, soit ils ont un doute, soit y'a un traquenard un peu plus loin. Je sens pas ce coup. Je renifle une fourberie gendarmesque. À mon avis, ces trois pèlerins sont là uniquement pour avertir de notre arrivée un dispositif guerrier qu'ils ont mis en place plus loin. Ils ont dû confectionner un barrage avec un escadron de lardus au complet. Avec des herses, des chevaux de frise, un fusil-mitrailleur en batterie, une escouade de tireurs d'élite, des clébards et même un général plus étoilé qu'une bouteille d'armagnac hors d'âge. Dès qu'on va se pointer, ils vont nous sulfater comme un vieux cep de vigne, nous truffer aux pruneaux comme une dinde trop sèche. Nos ravisseurs ne nous ont pas ramenés ici pour rien ni par hasard. Ils nous ont monté un chantier sur mesure et nous, on se jette dans la gueule du loup… et on va finir façon passoire, ou alors retour à la ratière. On n'est pas sortis d'un trou qu'on va tomber dans un autre ! Nous sommes les parias de la planète, les renégats du Bassin, les intouchables du Ferret, la lie de la Terre. Adieu la bonne douche, adieu Tatiana !

Vincent s'emporta.

— Vos gueules, ça suffit. Arrêtez de pleurnicher, réfléchissez, bordel !

Il arrêta le véhicule, serra brutalement le frein à main et décida.

— Faut en avoir le cœur net. Si vous êtes d'accord, on fait demi-tour et on va voir les perdreaux. On y va franco. On leur pose les bonnes questions et on leur dit tout. D'accord ?

Mais Dédé n'en avait pas fini.

— Non mais, j'y crois pas ! De mieux en mieux ! Maintenant, on va carrément devancer les projets liberticides des pandores vernaculaires ! On va aller les voir pour leur demander si, des fois, ils n'auraient pas une petite envie de nous filer au placard. Dans le genre : « Mais si, mais si, monsieur le maréchal des jolies fesses, j'insiste, tant qu'on est là et puisqu'on n'a rien d'autre à faire, vous pouvez joindre l'utile à l'agréable, vous avez bien une petite cellule de libre, on n'est pas exigeant… »

Toto grogna.

— Dédé, on t'a dit de la fermer.

Ils firent demi-tour au rond-point de l'Herbe et repartirent en direction de la gendarmerie. Les trois militaires se tenant devant la caserne avaient été rejoints par deux hommes en civil, et ils bavardaient de façon toujours aussi animée. À la vue du minibus qui ralentissait nettement, qui serrait la droite tout en actionnant son clignotant, manifestement dans l'intention de se garer, les cinq hommes se figèrent, une expression de stupeur et d'incrédulité sur le visage. Cela n'échappa pas à Dédé qui crut bon de commenter.

— Si tu pensais leur faire plaisir, apparemment c'est raté ! Regarde la tronche qu'ils tirent. On dirait des autruches d'Afrique du Sud découvrant un réveil chinois dans le désert australien.

— Toto, fous-lui une tarte s'il te plaît.

De fait, les hommes avaient l'air très embarrassé. Après s'être rapidement concertés, l'un des gendarmes s'approcha de la portière conducteur et, l'air gêné, s'adressa à Vincent qui n'avait pas encore quitté son siège.

— Vous ne pouvez pas rester là. On pourrait vous voir. Circulez.

Vincent, les mains sur le volant, se figea, un instant sans voix, avant de se ressaisir.

Dédé en profita pour ricaner bêtement.

— Mais Vincent, vas-y, dis-leur qu'on est des repris de justesse, des évadés, qu'on a des mandats d'arrêt au cul ! Ils lisent peut-être pas les journaux, ici. Faudrait pas qu'on se fasse refouler comme l'Africain moyen se pointant à Lampedusa un soir d'automne, c'est quand même un monde ! Ou alors, c'est qu'on est tombés sur des fainéants, des pandores grévistes. Tu vas voir qu'ils vont foutre le feu à des palettes et faire cuire des merguez devant leur turne.

Agacé, Tovaritch lui asséna une brutale tape sur la nuque. Vincent lâcha un interminable soupir avant de répondre au gendarme.

— Non, non, on ne va pas s'en aller ! On a besoin d'explications. Faut qu'on tire certaines choses au clair et d'urgence ! On reste ici jusqu'à ce que vous écoutiez ce qu'on a à dire.

— Punaise ! S'il faut on va occuper la gendar…

Dédé fut interrompu par une seconde tape de Tovaritch nettement plus appuyée que la première.

Le gendarme composa.

— Bon d'accord, si vous insistez. Mais, allez garer votre véhicule sur le parking situé à l'arrière du bâtiment, qu'on vous voie pas. Et entrez par la porte du côté.

Vincent s'exécuta pendant que les militaires, qui avaient réintégré leurs locaux, fermaient les volets roulants des fenêtres donnant sur la route.

Arrivé dans la salle commune, Vincent enfourcha d'autorité une chaise, s'assit face aux cinq hommes en contenant son agacement.

— Eh bien voilà. Nous sommes là, tous les quatre. Et je crois qu'on a beaucoup de choses à se dire. Alors, je vous écoute. Ensuite je poserai des questions.

Dédé, à l'écart, étouffa difficilement un ricanement mais écopa tout de même d'une nouvelle bruyante tape derrière la tête, avant de lâcher.

— T'as raison, Vincent, fais les avouer ! Histoire qu'on soit pas venus pour rien. Y'a pas qu'eux qu'ont le droit de poser des questions !

Un des deux hommes en tenue civile se résolut à prendre la parole. Il peinait à choisir ses mots, et hésitait manifestement entre ce qu'il devait dire, ce qu'il pouvait dire et ce qu'il devait cacher. Il se dandinait d'une jambe sur l'autre, se grattait la gorge, et cherchait du regard l'approbation du second personnage en civil qui opinait à regret.

— T'inquiète pas, pépère. Crache tout, on triera.

La remarque de Dédé fut ponctuée par le bruit d'une baffe.

— Bon, voilà. Messieurs, il est clair que nous avons été, vous et nous, victimes d'une formidable machination. Je pense qu'une simple visite de votre véhicule suffirait à en apporter la preuve. Si vous y consentez, bien sûr.

— Ce n'est pas notre véhicule, et je ne vois aucun inconvénient à ce que vous le perquisitionniez.

— Après vous, je n'en ferais rien, est-ce que je vous l'emballe ou c'est pour manger tout de suite, persifla Dédé avant de se protéger le visage de ses deux bras.

Vincent ouvrit le coffre du minibus dont le contenu était dissimulé sous une bâche bleue. En la soulevant, il découvrit tout d'abord trois masques à gaz. Il fit involontairement part de sa surprise au gendarme en tripotant et retournant dans tous les sens l'un de ces équipements, et cela fit sourire le militaire.

— Étonnant, non ?

— Plutôt… Et ça, c'est quoi ?

Vincent désignait une bonbonne d'acier de couleur grise, portant des inscriptions en anglais.

— Une bouteille de gaz sédatif et soporifique à base d'opiacés. D'après nos analyses, c'est principalement du Valium.

— Alors là, je comprends plus rien !

— Nous, si, rassurez-vous. Continuons.

Vincent sortit du coffre un scaphandre de plongée et son bi-bouteille, ainsi qu'une combinaison en Néoprène.

— Jusque-là c'est encore normal. Poursuivons, fit le militaire.

Il restait un sac de toile grège que Vincent tira à lui en interrogeant.

— Et ce dernier truc, qu'est-ce que c'est ?

Il ouvrit le sac et découvrit un pain de cocaïne portant l'inscription « DIAMANTE ».

— Et voilà, c'est la cerise sur le gâteau. Il ne manque rien, conclut paisiblement le gendarme. On a fait le tour.

— Je peux avoir une explication ? s'inquiéta Vincent. Parce que vous, vous avez l'air de trouver ça naturel, mais moi j'y comprends plus rien.

— C'est pourtant simple. Entrons, je vais vous raconter.

26

ÉCLAIRCISSEMENTS

Dédé s'impatientait.

— Ça a l'air intéressant votre salade, mais nous, on a la pépie. Alors, on va acheter des bières. Au retour, tu nous feras un résumé.

— T'as pas d'argent.

— J'ai tapé vingt euros au maréchal des…

— On a compris, casse-toi.

Ils s'installèrent dans un petit bureau particulièrement propre et austère. Le gendarme entrouvrit la fenêtre avant d'allumer une cigarette et d'en offrir une à Vincent.

— Ben voilà. Vous ne savez peut-être pas tout sur cette affaire… Je vous explique. C'est ici, dans ces locaux, qu'on avait stocké la cocaïne saisie sur votre bateau. Le lendemain de votre arrestation, on avait réussi à sortir de nombreux pains du sous-marin, mais on avait dû arrêter, en raison des courants de marée, de la nuit et d'un matériel insuffisant. Au total, dans la geôle du fond, on avait soixante-douze paquets ! Enfermés à double tour derrière les barreaux, comme il se doit.

Vincent vit que son interlocuteur ménageait ses effets.

— Et ?

— Dans la nuit d'avant-hier, les soixante-douze paquets ont disparu. Volatilisés. Sans violence ni effraction. Un ou plusieurs individus ont pulvérisé un gaz soporifique, probablement par la grille basse de la ventilation mécanique. Le planton a perdu connaissance. À son réveil, la geôle était ouverte et vidée de son contenu.

— C'est pas possible !

— Et c'est pas tout ! Le lendemain matin, la brigade nautique se rend sur le lieu de l'immersion du sous-marin repéré par une bouée. Ils plongent. Le sous-marin avait été vidé dans la nuit.

— Tu es sûr que c'est tout ? Tu n'oublies rien ?

— Eh non, je n'ai pas encore fini… Jusque-là, nos soupçons se portaient sur vous et votre équipe. Normal. Vous saviez où était le sous-marin et ce qu'il contenait. Vous saviez que la saisie de coke était stockée ici. Vous étiez dans la nature après vous être fait libérer par un commando puissamment armé. N'est-ce pas ? Et je ne vous cache pas qu'on était en train de mettre en œuvre les moyens nécessaires pour vous mettre rapidement hors d'état de nuire : deux pelotons d'intervention, le renfort des sections recherches de Toulouse, Poitiers et Bayonne, deux hélicos, un détachement du GIGN… ça allait être la curée. On allait vous neutraliser, comme on dit poliment.

— Permettez-moi de vous remercier de cette sollicitude. Et qu'est ce qui explique cet heureux renversement de situation ?

— Une information. Ou plutôt… un informateur, et tout à fait involontairement. Parce que parfois, à trop vouloir prouver, on ne prouve rien. Je vous raconte. On a un tonton, répertorié, immatriculé, rémunéré, infiltré depuis huit ans sur Bordeaux et la Gironde. Un gars très très sûr, un véritable trésor, une perle. Or, ce gars a averti l'état-major, hier au soir, que vous alliez vous pointer cet après-midi, tous les quatre, depuis Bordeaux, dans un minibus noir dont il nous a même donné la fausse immatriculation.

— Une aubaine pour vous !

— Tout sauf une aubaine ! Imaginez le coup. On met un dispositif en place et on vous serre, au rond-point de l'Herbe, par exemple. Qu'est-ce qu'il se passe ?

— Si vous nous tirez pas dessus, ça va à peu près... Vous faites une très belle affaire. En plus, vous avez toutes les preuves de notre culpabilité dans le coffre du fourgon. Du velours ! Vous récupérez les quatre fuyards, vous lavez l'honneur de la gendarmerie et vous élucidez une magnifique affaire de stups.

— Oui, et on signe l'arrêt de mort de l'informateur. Il est le seul à savoir que vous allez vous pointer avec le minibus ; si on vous serre, c'est qu'il a parlé. Autrement dit, les mecs font coup triple : *primo*, ils se débarrassent de vous. *Secundo*, en vous mettant dedans, ils éloignent définitivement les soupçons ; on croit l'affaire réglée et ils peuvent continuer leur business peinards. *Tertio*, au passage, ils se débarrassent d'un traître. Vous comprenez pourquoi on ne voulait pas vous arrêter, pourquoi on vous a laissés passer ? Et vous, vous faites demi-tour... C'est le scénario catastrophe !

Vincent était abasourdi. Il emprunta une nouvelle cigarette à son interlocuteur et se tut. Son cerveau tournait en roue libre. Puis, songeur, il trouva utile de préciser au gendarme.

— Il faut quand même que je te dise qu'au départ de cette funeste histoire, j'avais seulement pris une semaine de congé... Je voulais passer du temps sur mon voilier à

Arcachon et m'aérer les neurones, parce que justement, j'en avais plein le dos des histoires de flics, de voyous, et de magistrats. Je crois que, cette fois encore, je me suis loupé. Et où sont-ils, mes trois lascars ? Pourquoi ne sont-ils pas de retour ? Y'a encore un lézard ? Ils ont peut-être été capturés par des yakuzas, il paraît qu'il y en a plein à Piquey… Je sens que je vais devenir dingue, parano. Est-ce qu'il y a une église sur l'île aux Oiseaux ?

— À ma connaissance, non, pourquoi ?

— Je vais en faire construire une pour m'y faire nommer bedeau ou sacristain… Je discuterai avec les goélands, j'organiserai des courses de bigorneaux, j'écouterai pousser mes cheveux. Bon, alors, on fait quoi maintenant ?

— Vous allez rentrer chez vous. Le mieux, c'est que quelqu'un vienne vous chercher. On va garder le minibus pour faire des constatations et des recherches.

— Et avec le parquet, tu sais où on en est ?

— Ils ont suspendu les mandats. Ils attendent la suite des événements. Ils ont l'air un peu embêté. Surtout qu'ils t'avaient enterré auprès de ton patron PJ, qui maintenant leur en veut et est remonté comme un coucou suisse. J'aimerais pas être au milieu.

— T'as raison. C'est moi qui vais être au milieu. Je me demande si c'est pas un art, finalement, d'être emmerdé quoi que je fasse. J'ai peut-être un don. Les inspecteurs, à Bordeaux, ils m'appellent « le chat noir ». Faudrait peut-être que j'en parle à un psy, ou bien que je dépose plainte contre ma mère, je sais pas. Bon, je commence à m'inquiéter pour mes copains. Je vais essayer de les retrouver. Dis, tu veux bien m'accompagner ? C'est gentil. Et prends un soufflant et une radio. Je suis pas tranquille. Ça doit être la fatigue.

27

TOUS ENSEMBLE

Ils n'eurent pas à aller très loin : ils étaient là, tous les trois, attablés à la terrasse d'un bar, à rire comme des possédés en compagnie d'un quatrième type. Après s'être inquiété quelques secondes de l'identité de ce dernier qu'il ne voyait que de dos, Vincent reconnut Lagouarde, ostréiculteur à Piraillan, un ripailleur dont la réputation avait fait depuis longtemps le tour du Bassin. Dédé racontait à sa façon leurs aventures et les trois autres ne cessaient de pleurer de rire que pour vider leurs verres.

Vincent prit un peu ombrage de la situation.

— Ça vous dérange pas de me laisser tout seul et de boire des coups entre vous ? Remuez-vous les fesses, on y va. Sophie vient nous chercher, elle sera là dans dix minutes.

— Buvez un pion avec nous, toi et ton nouveau pote. J'appelle l'aubergiste.

— Un seul. Si, quand elle arrive, Sophie constate que vous avez tisané comme des terrassiers polonais un soir de Saint-Sylvestre, on va avoir du mal à lui faire croire qu'on a souffert de la captivité. Et puis il me tarde de rentrer, je suis cuit.

Non seulement Sophie ne s'émut pas de l'allégresse du quatuor, mais elle ne cacha pas sa joie à l'idée les retrouver tous les quatre sains et saufs. Une fois tout ce petit monde en voiture, les captifs parlaient tous en même temps. Elle ne parvenait pas à leur raconter ce qu'elles trois avaient enduré ces dernières heures. Particulièrement inattentive à sa conduite, elle collectionnait les zigzags, les franchissements de ligne continue, les empiétements involontaires sur le bas-côté et recevait des coups de klaxon indignés de toutes parts.

Tatiana et Mélissa ne les laissèrent pas arriver. En entendant le moteur de la grosse Porsche Cayenne, elles jaillirent de la maison, ouvrirent les portières de la voiture et tout le monde s'embrassa joyeusement. Vincent regarda longuement Mélissa avec un étonnement non dissimulé. C'était comme s'il revenait d'un interminable exil. Il ne l'avait jamais vue si gracieuse et élégante. Ses gestes, ses mimiques et sa voix le fascinaient. Il se trouvait stupide, alors il se tut et s'engouffra sans rien dire dans la salle de bains.

*

Lorsqu'ils se retrouvèrent au salon, ce fut dans une grande sérénité presque silencieuse. Tovaritch, vêtu d'un magnifique kimono de soie rouge et noir, d'un pantalon ample assorti et de mules de cuir, les cheveux soigneusement plaqués par un gel brillant et rasé de près, remplissait avec soin les coupes de champagne. Il semblait avoir rajeuni de dix ans. Il leva les yeux et échangea avec Sophie un long regard d'où transparaissait un amour paisible et irréfragable. Ces personnes n'avaient pas besoin de se parler. Gégé chuchotait des choses inaudibles à l'oreille de Tatiana, tout en lui caressant les cheveux. La Russe riait silencieusement. Seul Dédé affichait, malgré lui, un visage mélancolique. Perdu dans ses pensées, immobile comme un santon, il fixait silencieusement les flammes du feu de cheminée. Sophie s'approcha de lui, lui dit discrètement quelques mots à l'oreille.

Il remua négativement la tête avant de répondre tristement.

— Je l'ai appelée. Elle a décliné. Je l'aime, mais elle n'est pas comme nous. Elle ne sait pas se réjouir à notre façon, même lorsqu'elle est heureuse. J'aurais tant aimé partager cette soirée avec elle…

— Andreï a commandé un taxi pour te ramener à La Teste cette nuit. Il sera là à minuit.

— Ça va coûter la peau des fesses !

— Aucune importance. Avertis Simone. Tu vas avoir deux soirées au lieu d'une.

Dédé retrouva le sourire et alla embrasser Tovaritch sur le front. Ce dernier, interloqué, s'en étonna en souriant.

Mélissa posa son verre d'eau sur le piano, plaqua négligemment quelques accords à la recherche de l'inspiration avant d'entreprendre avec douceur une vieille chanson de Jean Ferrat, *Deux enfants au soleil.* Elle commença : « La mer sans arrêt roulait ses galets… »

C'était plus que suffisant pour que Dédé, qui avait retrouvé son espièglerie, ne manque pas si belle occasion. Il compléta les paroles : « Et moi, comme un con, je la regardais… », provoquant des sourires rassurés.

Puis ils dînèrent dans une atmosphère particulièrement paisible, commentant leur récente aventure avec beaucoup de recul, se félicitant qu'elle fasse partie du passé, et louant la paix retrouvée.

Dédé était déjà passé à autre chose.

— Demain, je vais voir nos amis de la maréchaussée. Faut que je récupère *Marie-Thérèse.* Ensuite je la convoierai jusqu'à La Teste pour lui faire une beauté. Faut refaire tout l'intérieur.

Tovaritch interrogea Vincent.

— T'as encore combien de jours de vacances ?

— Plus qu'une petite semaine… hélas. Une semaine avant de quitter Mélissa, *Méa*, et de vous laisser. Une semaine avant d'aller recommencer à vider les poubelles citadines des miasmes de l'humanité, jour après jour, tel Sisyphe.

— Il n'est guère de passion sans lutte. Tu es puni de ton orgueil à défier la mort, de ton *hybris*, lâcha Gégé le nez dans son verre de Haut-Brion.

— Je ne t'imaginais pas camusien…

— C'est le pinard…

Tatiana tenait absolument à comprendre. Avec son charmant accent russe, elle interrogea son ami.

— Qu'est-ce que c'est camusien ?.

— Je t'expliquerai.

— Moi, mon bouquin préféré, c'est *Coke en stock* de Tintin, lâcha Dédé sous les protestations.

Lorsqu'à minuit, ils sortirent tous pour accompagner Dédé à son taxi qui attendait dans l'allée, la température avait fortement chuté. Malgré la veste qu'elle avait pris soin de mettre sur ses épaules, Mélissa tremblait. Quant à Vincent qui lui ceignait les hanches de son bras, il ne cessait de bailler interminablement, l'échine parcourue de violents frissons.

Mélissa lui jeta un regard inquiet.

— T'es sûr de pouvoir te traîner jusqu'à la chambre ?

Le taxi s'éloigna en soulevant un nuage de poussière pendant que Dédé agitait une main par la fenêtre.

Les amis rejoignirent la tiédeur de la maison et chacun prit rapidement ses quartiers de nuit, plongeant la villa dans un silence aussi profond qu'inhabituel.

*

Le lendemain matin, c'est avec une honte amusée que Vincent lut l'heure à sa montre. Mélissa dormait si paisiblement qu'il renonça à la réveiller. Pourtant, au premier geste, elle s'éveilla en sursaut.

— Pourquoi ai-je toujours si peur que tu partes ?

— Depuis quand souffres-tu de cette peur phobique de l'abandon ?

— Depuis que je te connais.

— Il est presque midi. Et en fin de journée, on s'en va. On va passer quelques jours sur mon bateau. Pour moi, ça risque d'être perturbant.

— Pourquoi ?

— C'était notre bateau, à Sylvie et moi. Notre jardin secret, et puis…

— Je ne viens pas.

— Mais si. Il le faut. Il faut essayer de dépasser ça. Elle, elle est en voyage. À l'île Maurice, avec son blaireau filiforme, à la tignasse bouclée et peroxydée, à la voix de fausset et au postérieur monté sur roulements à billes. Et c'est tant mieux.

— Tu lui en veux ? Tu es en colère ? Tu l'aimes encore ?

— Je lui en veux, car je ne goûte pas la trahison. Je suis en colère pour la même raison. Mais je ne renie pas le passé. Nul homme n'est assez riche pour racheter son passé. Je commence aussi à me sentir redevable. Sans elle, je ne t'aurais pas connue. Je tourne une page, et maintenant, je pense qu'il va m'être impossible de faire machine arrière. Tu es mon avenir. Ne me trahis pas. Jamais.

— Ne crois-tu pas que le petit-déjeuner peut encore attendre ?

— Que vont penser nos amis ?

— Peut-être ont-ils les mêmes préoccupations. La salle à manger est étrangement silencieuse…

28

MÉA, MÉLISSA ET VINCENT

À la vue de *Méa*, Mélissa sembla fortement intimidée.

— Il est beau, ton bateau. Mais je ne suis jamais montée sur un voilier. Le mât est drôlement haut ! Ça penche beaucoup, un appareil de ce genre ?

— Ça ne penche pas, ça gîte. Mais le lest de la quille est là pour le rappeler à l'ordre et à l'équilibre, t'inquiète pas.

— Et tu te sers de toutes ces ficelles ? Pour attacher quoi ?

— Sur un bateau, on n'attache que les équipières difficiles et désobéissantes. Et à bord, il n'y a pas de ficelle. Que des cordages, des bouts, des drisses, des écoutes, des bosses, des estropes, des garcettes… Ici, tu dois m'obéir, et te soumettre à toutes mes exigences. Les plus torrides, les plus exotiques.

Mélissa lui jeta un regard noir avant de comprendre qu'il plaisantait. Elle fit mine de le gifler.

Dans les heures qui suivirent, elle se décontracta progressivement. Et, à la satisfaction de Vincent, elle se mit petit à petit à s'approprier les lieux et même à faire un peu de rangement.

— Prends ce placard pour tes vêtements et mets tes sous-vêtements dans cet équipet. Les impératifs de sécurité et le peu d'espace font que tout doit être parfaitement rangé, en permanence. En navigation, les plus petites causes peuvent avoir les plus grands effets. Au XIXe siècle, un navire s'est perdu parce qu'un jeune mousse n'avait pas rangé la boîte d'allumettes à sa place…

En se pelotonnant sur le canapé, elle réclama sur un ton enfantin.

— Raconte-moi, s'il te plaît.

Il n'en fallait pas plus à Vincent, qui adorait les légendes maritimes. Il prit un air pénétré et dramatique avant de se lancer.

— C'était il y a longtemps… il y a deux siècles… sur notre côte atlantique… au crépuscule… une belle goélette marchande venant de l'ouest, c'est-à-dire du large, peinait à entrer dans l'estuaire de la Gironde par la grande passe de l'Ouest. Sur son avant tribord, le phare de Cordouan venait d'allumer sa lanterne qui envoyait avec langueur ses éclats réguliers et chauds. La brise thermique mollissant avec le coucher du soleil, le navire avait beaucoup de mal à remonter le courant contraire de la fin du jusant qui se conjuguait avec le puissant débit de la Gironde. À tel point qu'il faisait du sur place. Le capitaine commanda de mouiller l'ancre pour éviter que le bateau ne recule et reparte au large. La nuit devenait de plus en plus noire, lorsqu'il vit les feux d'un navire dévalant le fleuve et se dirigeant droit vers eux, faisant ce qu'on appelle route de collision. Profitant du courant favorable et bien aidé par une petite brise d'Est qui s'installait, cette sorte de brise de terre qui ne souffle que la nuit, ce bateau inconnu déboulait à toute vitesse. Trop tard pour manœuvrer ! Une ancre, c'est long à remonter à l'aide d'un simple cabestan, mû à la seule force des bras. Le capitaine ordonna d'allumer immédiatement les feux de son bâtiment pour signaler sa présence. Mais le mousse n'avait pas rangé les allumettes à leur place habituelle et il fallut six bonnes minutes au matelot chargé de l'opération pour les retrouver. Six minutes de trop. Le voilier fut violemment éperonné par l'autre bateau. Il commença par faire eau puis se coucha sur le flanc comme un animal blessé avant de finir par agoniser dans des craquements sinistres de bordés écrasés sur les battures de Cordouan. Le capitaine armateur était également propriétaire du bateau. Blessé dans la collision, bientôt il mourut de chagrin, totalement ruiné. Le second infligea une terrible raclée au mousse qui ne reprit jamais la mer.

Mélissa bouche bée, semblait fascinée.

— C'est tragique, mais c'est une belle histoire. Tu en connais d'autres ?

— Je connais l'histoire d'un capitaine de voilier qui avait une envie folle de prendre la mer avec son amie, de partir le nez au vent vers quelque destination inconnue où il ne pleut jamais, où les gens ont les mains ouvertes et un éternel sourire aux lèvres. Et comme le disait le grand Jacques Brel :

Les pirogues s'en vont, les pirogues s'en viennent
Et mes souvenirs deviennent ce que les vieux en font.
Veux-tu que je te dise, gémir n'est pas de mise
Aux Marquises.

Mélissa mit la main sur son ventre, lança à Vincent un regard aussi inquiet qu'interrogatif :

— Avec lui, tu crois que ce serait possible ?

— Je me vois tout à fait te pratiquer une césarienne en mer dans le cockpit balayé par les vagues, à l'aide de mon couteau de gabier, dans un coup de vent au large du Cap Finistère, par une nuit d'hiver. En proie au mal de mer et entre deux vomissements, je te recoudrais avec du fil à voile et on t'entendrait hurler depuis les Açores jusqu'aux îles Canaries.

Mélissa, les yeux écarquillés, prit un air épouvanté.

— T'es complètement toqué, totalement ravagé !

— Viens, on va faire à dîner.

*

Quelques minutes plus tard, Mélissa, affolée, tentait vainement d'immobiliser le réchaud de la cuisine qui oscillait gentiment sur ses deux axes. Elle ne comprenait pas les raisons pour lesquelles la satanée machine se dérobait constamment.

— Vincent, y'a ta cuisinière qui est cassée ! Elle ne tient plus en place, elle va tomber ! Aide-moi !

Il partit d'un fou rire incoercible tandis que Mélissa s'escrimait à calmer la valse du réchaud.

Retrouvant enfin sa respiration, il réussit péniblement à souffler.

— C'est normal… il est sur cardan. Quand le bateau bouge ou gîte, il reste à l'horizontale. Heureusement, sinon il y aurait tous les jours des nouilles collées au plafond. Là, c'est un gros bateau de pêche qui vient de passer trop vite. Tu as l'impression que c'est la cuisinière qui bouge, mais en fait c'est le bateau. La cuisinière, elle, reste immobile.

— T'aurais pu me le dire ! C'est comme les toilettes. J'ai renoncé à y aller. Il y a une pompe et des leviers partout. On se croirait dans un avion. Comment tu fais ?

— Par-dessus bord. Mais uniquement à la nuit tombée.

— Tu veux vraiment me dégoûter ?

29

UNE PISTE

Leur conversation fut interrompue par des coups frappés à la coque. Vincent passa le nez et aperçut Michel Arnaud, voisin de ponton et médecin ayant soigné Dédé lors de son hospitalisation pour hypothermie.

Michel sacrifia aux usages.

— Autorisation de monter à bord ?

— Accordée.

Quittant promptement ses Docksides, il enjamba avec agilité les filières de *Méa* et, pieds nus, rejoignit le couple dans le carré du voilier.

— Je te présente Mélissa.

Michel peina à cacher son étonnement devant le charme de la jeune femme. Malgré lui, il la dévisagea longuement.

Vincent s'en amusa.

— T'es étonné qu'une aussi belle femme se mette avec un gars comme moi ?

— J'ai pas dit ça, mais…

— Mais si je la mets dehors, tu la récupères sur le ponton, c'est ça ?

— Voyons ! Vincent, ne sois pas lourd. Mais au fait, vous comptez dormir à bord ?

— Bien sûr. Ça va être le baptême nautique de Mélissa.

— J'espère pour vous que ça va bien se passer.

— Pourquoi donc ? Qu'est-ce que tu insinues ?

— J'insinue rien, mais si tu savais... Y'a trois jours de ça, c'était mercredi. J'avais le petit avec moi. Il a voulu dormir sur le bateau. « Allons-y », je lui dis. T'as remarqué que le voisin, Antoine, a sorti son bateau de l'eau ? Sa place, juste à côté de la tienne est vide, et libre pour plusieurs semaines.

— Oui, et alors ?

— Tiens-toi bien. On était à bord avec le gosse. Il devait être onze heures du soir. On venait de s'endormir. Un bateau à moteur se pointe et s'arrête à la place d'Antoine. Ça arrive qu'un gars prenne une place libre durant cinq minutes, le temps de débarquer quelqu'un ou des affaires, plutôt que de le faire à partir d'un corps-mort. C'est plus pratique. Bref, pas de quoi s'affoler. Le gars arrive, il laisse tourner son moteur et il se met à discuter avec d'autres mecs en bougeant des trucs et en faisant un bruit d'enfer. Bien sûr, ça me réveille. Ils déchargent tout un fourniment, et font des allées et venues entre le bateau et le parking du quai. Un vrai bazar. Et les roues d'un diable sur les lattes du ponton, à l'aller : *tacatacata !* Au retour : *tacatacata !* Tu vois le bordel. Enfin, le bateau repart. Ouf ! Je peux me rendormir. Erreur, grave erreur ! Minuit et demi, rebelote. Le même bateau revient, reprend la place vacante, laisse encore tourner son moteur et décharge des trucs à n'en plus finir. Et les roues du diable sur les lattes du ponton ! *Re-tacatacata !* Ils ne pouvaient pas savoir que mon bateau était habité, mais quand même. Je les voyais, ces abrutis, par le hublot. J'aurais dû sortir et les calmer. Ils finissent par se tirer et je me rendors. Deux heures du matin, le bateau revient et les mecs remettent ça ! Je devenais fou, j'étais dans une rogne noire. J'ai profité qu'ils soient tous loin sur le quai pour mettre le nez dehors et j'ai vu leur manège, à ces enfoirés.

— Et qu'est-ce que t'as vu ?

— Devine. Les trois mecs qui chargeaient la benne d'un pick-up.

— Quoi ?

— Un pick-up noir. J'ai mis un moment, mais j'ai fini par comprendre. C'étaient pas des mecs franchement clairs : des gars qui pillent les parcs à huîtres ! Y'a aucun doute. Pour faire ça la nuit comme ça. Ils doivent voler les poches d'huîtres sur les parcs des autres ostréiculteurs et ils les mettent tout de suite à éclaircir dans leurs bassins. Ni vu ni connu. La prochaine fois qu'Antoine sort sa barcasse, on lui dira de mettre une chaîne en travers de sa place pour que ça ne se reproduise pas.

Vincent était abasourdi. Recroquevillé sur son siège, le regard fixe, il réfléchissait mais semblait avoir été frappé d'hébétude, ce qui inquiéta Mélissa qui ne trouva rien d'autre à faire que de lui passer une main dans les cheveux, espérant ainsi l'arracher à quelque mauvaise pensée.

— Pardon, Mélissa, excuse-moi. Sers-nous à boire s'il te plaît. Y'a du whisky dans le petit bar. Pour Michel, tu peux mettre un glaçon. Merci.

Puis, se tournant vers Michel Arnaud, il lança sans conviction.

— Et bien sûr, tu n'as rien vu de ce bateau ? T'as pas de détails, aucune caractéristique…

— Oh que si ! Je l'ai bien vu, assez longtemps, et assez souvent, punaise !

— Raconte.

— Un automoteur, bien sûr. Assez ancien. Une coque de huit mètres à peu près avec une belle cabine et un grand cockpit de pêche. Construction Guy Couach de la fin des années soixante-dix ou du début des années quatre-vingt. Coque beige avec un liseré bleu, tu vois le genre ?

— T'as pas des précisions, des détails ?

Michel soupira.

— Qu'est-ce tu veux que je te dise… Immatriculé « AC » à Arcachon, rien d'étonnant. Le côté droit du balcon avant tordu et enfoncé. Encore un de ces guignols qui font du stock-car avec les bateaux.

— Quoi d'autre ?

— T'es pénible ! Ah si, tiens. Sur le roof de la cabine, une antenne radar. Tu sais, les petits radars japonais, les JRC. C'est pas courant sur le Bassin, un radar. Et puis une antenne champignon de GPS, une antenne VHF et un radeau de survie en container. Un bateau bien armé en troisième catégorie.

— À la tienne, Michel. Je ne regrette pas d'être venu et de t'avoir rencontré.

Pourtant, Vincent semblait accablé, ce qui n'échappa ni à Michel ni à Mélissa. Inquiète, elle lui prit la main en essayant de plaisanter.

— Qu'est-ce qu'il a mon bonhomme ?

Après un moment de réflexion, elle reprit.

— C'est pas cette histoire à la con qui recommence, au moins !

— Je crois bien que si…

30

TÊTE À TÊTE

Michel s'éclipsa et ils poursuivirent leur soirée en préparant le dîner. Malgré ses efforts, Vincent avait la tête ailleurs, et semblait absent. Ce qui déçut Mélissa.

— Tu me rappelles mon père.

— Pourquoi donc ?

— Comme ça. Quand on était à table et qu'on lui parlait, il ne répondait pas. Il était ailleurs, « sur une affaire » comme il disait. Le vendredi midi, il me disait : « Demain, je t'amène à la foire aux Plaisirs des Quinconces ! » Mais le soir, il ne rentrait pas, et on ne le revoyait que le lundi soir, sale, épuisé, écœuré. Il ne nous disait pas ce qu'il avait fait, ou vu. Il se taisait. C'était comme s'il ne voulait pas ramener de la misère à la maison.

— Qu'est-ce qu'il faisait dans la vie, ton père ?

— Flic, comme toi… T'as oublié ? Je le reconnais en toi, à cette façon de ne jamais être totalement là, d'être constamment de passage. Je sais que ça ne finit pas bien. Et tu le sais aussi bien que moi.

— C'est vrai.

— Papa est mort lors d'une course-poursuite, mais s'il n'y avait pas eu cet accident, il serait mort jeune d'une sale maladie ou de suicide. Vous, les flics, vous vieillissez mal. Toujours.

— Non, pas toujours. Il y en a qui se ménagent, qui s'économisent et qui font de beaux petits vieux.

— Je sais. C'est à cause d'eux, d'ailleurs, que les premiers s'épuisent.

— Arrête, Mélissa. On ne peut pas commencer comme ça dans la vie, tout de travers. Je vais démissionner, rester sur le Bassin, travailler pour Toto. Tu seras mon assistante, et on sera toujours ensemble. On se trimballera le petit Charles partout.

Mélissa, tout en pelant un oignon, se moqua gentiment.

— C'est ça, tu es pathétiquement brélien – « Ne me quitte pas », « Laisse-moi devenir l'ombre de ton ombre » – et cinq minutes plus tard, le téléphone sonne, t'enfournes ton pétard à la ceinture, t'allumes une clope et tu disparais trois jours et trois nuits.

— Et pendant ce temps, madame promène son cul sur les remparts de Varsovie !

— Goujat !

— « Quand on a que l'amour, à s'offrir en partage, au jour du grand voyage qu'est notre grand amour… »

— « Mais, mon amour, mon doux, mon tendre, mon merveilleux amour, de l'aube claire jusqu'à la fin du jour, je t'aime encore, tu sais, je t'aime… » Mon piano me manque déjà.

— C'est pas un problème ! As-tu entendu parler de Jean de L'Espée et de *La Clef de sol* ?

Mélissa remua négativement la tête en réclamant.

— Raconte !

Vincent reprit.

— *La Clef de sol*, c'est le nom d'un bateau appartenant au dénommé Jean de L'Espée. Jean était un musicien, un artiste, et un homme d'esprit qui aimait beaucoup la mer et la voile. Il avait envie de naviguer autour du monde, mais avait du mal à renoncer à son piano. Par ailleurs, l'homme était très grand, ce qui n'est jamais pratique en voilier. En 1953, Jean se fit construire un voilier… mais *autour* de son piano, un Steinway quart de queue ! C'était un ketch de treize mètres de longueur de coque, disposant d'une hauteur sous barrots suffisante pour accueillir les deux mètres de Jean. Comme il disait : « Si j'avais mesuré un mètre soixante-dix, et si j'avais joué de la flûte, cela aurait été tout de même plus simple ».

« *La Clef de sol* parcourut le monde de long en large et de haut en bas. Aux escales, Jean donnait des petits concerts. Je ne sais pas pourquoi, mais je l'imagine toujours à Pago Pago ou aux îles Samoa, assis devant son piano, ruisselant de sueur, vêtu d'un bermuda à fleurs et d'un nœud papillon, les yeux au plafond, jouant la *Sonate au Clair de lune* pour une brochette d'autochtones endimanchés. Ce devait être sublime. Un peu de l'ambiance de *L'Amant* de Marguerite Duras, l'atmosphère d'*Out of Africa*, le côté épique d'Alain Gerbault ou de Henry de Monfreid…

« À Hong Kong, sous l'effet de la chaleur et de l'humidité, quelques cordes du Steinway cassèrent. J'aurais voulu voir la tête du réparateur de pianos lorsqu'il a dû monter à bord avec ses outils ! *La Clef de sol* navigue encore en Méditerranée. Je te ferai construire un voilier autour d'un piano… « un domaine où l'amour sera roi, où l'amour sera loi et où tu seras reine ».

— T'es un peu fou ! Mais alors, tu vas continuer à gratter sur cette foutue affaire ?

— Le temps d'identifier le bateau dont nous a parlé Michel. Dès que c'est fait, je bascule le tuyau aux gendarmes, je quitte la police, je m'installe artiste peintre dans une cabane au bord de l'eau. On marchera pieds nus, on se déplacera en Méhari, tu m'apprendras à jouer du ukulélé et de la flûte de Pan.

— Arrête de dire des sottises, ouvre la bouteille et assieds-toi pour manger.

31

UNE PISTE

Après le dîner, tout en fumant une cigarette dans le cockpit de *Méa*, Vincent appela Andreï Tovaritch.

— Mon vieux Toto, je suis sur une piste, une sacrée bonne piste. Les trafiquants ont vidé le sous-marin à l'aide d'un bateau dont j'ai le signalement précis. Y'a plus qu'à le retrouver et on remonte les gars. Ce bateau, il peut être dans un port ou sur une bouée. Je suis sûr qu'il n'a pas quitté le Bassin. Il va falloir qu'on aille visiter tous les corps-morts et les ports. Tu vois d'ici le boulot ! Comme *Marie-Thérèse* est hors service, il faudrait faire ça avec *Anastasia*. On prendra Dédé avec nous, il connaît tous les coins et les profondeurs. Qu'on aille pas se planter. Et pendant qu'on fait les corps-morts, il faudrait que Gégé et Tatiana fassent le tour des ports en voiture. Il y en a pour trois jours, mais je suis sûr qu'on va le trouver !

Tovaritch n'était pas enthousiaste.

— On va les avoir, tu parles... On va encore se retrouver embastillés dans un endroit pas possible, ou bien avec une méchante histoire sur le dos et les gendarmes aux fesses. On commence à peine à respirer. J'ai besoin de paix, moi, Vincent. Je veux profiter de la vie, des bonnes choses, de Sophie... Au fait, comment vont Mélissa et notre futur petit ?

— Je sais pas si t'as vu, mais chez Leclerc, ils font des soldes sur les pantoufles. T'as quarante pour cent de réduction sur les charentaises si t'en prends deux paires, plus un bon d'achat pour des tisanes. Tu devrais aller voir. Et à la pharmacie du Ferret, ils ont reçu de nouvelles chaises percées et des déambulateurs chromés.

— T'es vraiment un sale con quand tu t'y mets. Rendez-vous à quelle heure sur *Anastasia* ? Tu te charges de prévenir Dédé. Je m'occupe du pique-nique.

— Ce soir avec Mélissa, en se baladant, je vais faire le tour de tous les pontons du port d'Arcachon pour vérifier. On ne sait jamais. Neuf heures et demie, ça te va ? Mélissa ira rejoindre les filles au Ferret avec la navette. Tu peux dire à Sophie qu'elle sera à dix heures et demie à Bélisaire.

*

Vincent avait entraîné Mélissa dans une longue promenade le long des pontons du port d'Arcachon. De minute en minute, elle s'intéressait un peu plus aux bateaux, posant même de temps à autre une question amusante. Elle avait une attirance particulière pour les vieux gréements. Le teck brut, l'acajou verni, le bronze et le laiton poli la fascinaient.

— Tu vois, dans celui-ci, la cuisinière est en fonte émaillée et laiton. Il est équipé d'un très joli poêle à pétrole en inox dont tu peux voir la cheminée. L'intérieur d'acajou rouge est très confortable. La table à carte est marquetée d'une rose des vents en citronnier et ébène. Et un bateau comme ça ne vaut pas cher du tout ! C'est le genre de voilier qui te donne deux grands bonheurs. Le premier quand tu l'achètes, le second quand tu le revends.

— Pourquoi ?

— Les voiliers anciens, en bois, sont de véritables bêtes à chagrin. Pour s'en occuper, il faut beaucoup de temps et il faut être très habile de ses mains, savoir travailler le bois en utilisant des outils classiques qu'il faut entretenir et savoir affûter. L'idéal, c'est d'être à la retraite et d'y vivre. Dans le temps, les propriétaires de voilier employaient un marin. C'était souvent un retraité de la marine nationale. Il restait à bord, seul, dans l'humidité permanente du poste avant qui disposait d'un accès indépendant de la descente de l'heureux possesseur. Il entretenait le bateau, recousait les voiles, faisait les repas dans son antre, sur un fourneau à charbon, pour ne pas emboucaner la cabine. N'oublie jamais que la voile est le moyen le plus coûteux, le plus lent et le plus fatigant d'aller d'un endroit où tu es très bien à un autre où tu n'as rien à faire. Un grand voilier est le moyen le plus sûr et le plus efficace de se ruiner. Et pourtant, « homme libre, toujours…

— … tu chériras la mer ».

— « L'éternité, c'est la mer mêlée au soleil. » C'est ainsi que Rimbaud l'imaginait.

— C'est beau.

— Mais « il est des portes sur la mer qu'on ouvre avec des mots ».

— Et ça, c'est de toi ?

— Non, de Rafael Alberti. Un jour, Mélissa, nous partirons avec un livre pour seul document nautique. *L'Odys-*

sée, d'Homère. Nous franchirons les colonnes d'Hercule qu'on appelle aujourd'hui le détroit de Gibraltar, en passant le détroit de Messine on ira de Charybde en Scylla, on mouillera à Ithaque et tu seras ma Pénélope, et je serai heureux comme Ulysse, qui a fait un beau voyage, a vu cent paysages…

— Je n'aime pas le prénom de Pénélope…

— À cause de Georges Brassens et de la richesse de ses rimes ?

— Exactement. Tu crois vraiment qu'on est fous ?

— C'est bien possible, et probablement pas assez. L'humidité de la nuit s'installe, regarde la buée sur les hublots. T'as la chair de poule. Rentrons. Tu vas voir comme on est bien dans la cabine lorsque la bise siffle dans le gréement et que le bateau oscille tout doucement.

— Vincent, j'ai peur…

— De quoi ?

— De me réveiller, que ça cesse brutalement, que tout cela ne soit qu'un rêve, un mirage, une hallucination.

— Dépêchons-nous de rentrer, le vent est glacial.

32

À LA CHASSE

Le lendemain matin, l'extraction de la couchette double fut un supplice. Mélissa, dont seuls les cheveux émergeaient de la couette, n'avait pas bougé d'un pouce depuis la veille et ronflait paisiblement.

Vincent réussit à la réveiller à force d'odeurs de café, de pain grillé et d'une musique diffusée en sourdine par la radio du bord. Puis il alla l'embrasser.

— J'y vais, on m'attend. À toute à l'heure chez Toto. Ne manque pas la navette, Sophie sera à Bélisaire pour te récupérer.

Andreï Tovaritch et Dédé étaient déjà à bord d'*Anastasia*. Pendant qu'Andreï faisait chauffer les moteurs, Dédé essuyait la condensation nocturne du roof tout en mangeant un gros sandwich aux rillettes.

— T'as encore les traces de l'oreiller sur le museau, ricana Dédé en le voyant.

— Tais-toi et mange ! Entretiens ton taux de cholestérol, andouille sénile.

— Je dis ça comme ça. Je sais que c'est pas mes affaires, mais depuis que t'es avec Mélissa, on dirait que t'es moins ponctuel, le matin…

— Va donc à l'avant dédoubler les amarres au lieu de déparler.

— On commence par quoi ? demanda Tovaritch.

— On profite du jusant pour foncer jusqu'au Pyla, et on visitera la zone de corps-mort à vitesse réduite en revenant. T'auras qu'à la traverser. Dédé et moi, on épluchera les bateaux. Aux jumelles s'il le faut. J'ai porté les miennes. Toi, tu te contentes de barrer le bateau. Là où on va fureter, il y a souvent des bouts qui traînent entre deux eaux. Veille à ne pas t'en foutre un dans l'hélice.

— Allez, à larguer !

Anastasia déambula en zigzaguant durant plus de deux heures, sans que les deux vigies, mutiques et les yeux collés aux jumelles, ne repèrent de bateau correspondant au signalement fourni par Michel Arnaud.

Le seul commentaire vint de Dédé. Alors que Tovaritch menait *Anastasia* par le travers du quartier du Moulleau, il l'interpella vivement.

— Toto ! T'es bourré ou tu le fais exprès ?

— Mais quoi donc ?

— On est sur le banc de Bernet. On n'a plus d'eau ! Avance encore un peu plus comme ça et on laboure le sable. Si t'avais emmené des graines de radis, j'aurais pu les semer depuis le tableau arrière. Mais qui est-ce qui m'a foutu un pareil batelier moscovite de la Volga…

— La Volga ne coule pas à Moscou, monsieur Dubosc, ni à Saint-Petersbourg d'ailleurs. À Moscou, c'est la Moskova et à Saint Petersbourg, la Neva.

— Et c'est pour ça que tu achètes du terrain sur le banc de Bernet ? Tu vas me faire le plaisir de virer sur bâbord, plein nord, et tout de suite, espèce de pithécanthrope bolchevique kolkhozien, tu vois pas qu'on brasse du sable avec les hélices ! Tu vas transformer la pompe de refroidissement du moteur en moulin à poivre. T'attends peut-être qu'on retrouve des bigorneaux dans les cylindres du bourrin ? C'est pas la peine de se payer un bateau à un demi-million si c'est pour s'en servir de motoculteur, fallait aller à Jardiland !

Toto, ne pouvant pas quitter les commandes d'*Anastasia*, délégua une mission urgente à Vincent.

— S'il te plaît, fous-lui une tarte.

Les minutes passèrent et les amis commencèrent à se décourager. Tovaritch suggéra.

— On rentre au port pour déjeuner ?

— Moi, je préfère qu'on mange au mouillage. Y'a qu'à dépasser la pointe de l'Aiguillon et mouiller dans l'entrée de la Canelette de La Teste. C'est un bon mouillage, bien abrité du vent, avec un fond de vase de très bonne tenue. T'as qu'à piocher juste à côté de la balise Nord à l'entrée du chenal. C'est un peu loin du Kremlin ou de la place Rouge, mais tu vas voir, c'est pas mal. Et après, t'auras plus qu'à mastiquer tes blinis.

Tovaritch ne voulut pas en rester là.

— Vincent, attrape une bouteille de Cristalline pour le petit vieux et fais-nous péter une roteuse de Ruinart, juste pour nous deux. Parce que je ne sais pas toi, mais moi, l'ancien combattant du réseau ferroviaire français, il commence à me foutre des boutons.

Vincent opinant, Dédé s'inquiéta.

— Déconnez pas les gars, faites pas ça !

— D'accord, mais tu fais la vaisselle.

— Okay, je dis plus rien. Tout le monde sait que les mauvais capitaines de navire sont autoritaristes. C'est même à ça qu'on les reconnaît.

Dédé, la bouche béante comme un requin-pèlerin, s'apprêtait à avaler un second éclair au café lorsque Vincent reçut un message sur son portable. Pensant à une notification publicitaire quelconque, il ne jeta qu'un coup d'œil distrait à l'écran de son appareil. Stupéfait, il se figea, sous le regard interloqué de Tovaritch.

— C'est quoi t'est-ce ?

Vincent sans rien dire, se contenta de lui présenter le téléphone.

— C'est pas vrai !

Vincent précisa.

— C'est Gégé. Il m'envoie cette photo du port de la Vigne au Ferret. Si c'est pas le bateau qu'on cherche, je me coupe une oreille. Je bascule tout de suite le cliché à Michel Arnaud. S'il confirme, c'est génial.

— En attendant que tu te coupes une oreille, on va boire un coup, conclut Dédé. Et après, je fais le café…

— Et la vaisselle.

La réponse de Michel ne tarda pas.

C'est lui, aucun doute. J'avais oublié
de te signaler le projecteur sur le roof.

Vincent analysa.

— Eh bien voilà ! La messe est dite. On n'a plus qu'à rentrer en voiture au Ferret. Au passage, on s'arrête au port de la Vigne pour voir ce qu'on peut gratter sur place.

Dans la voiture les ramenant au Cap Ferret, Vincent sentait monter en lui la fièvre de la chasse. Il savait qu'il devrait faire attention, qu'il faudrait veiller à ce qu'elle ne le submerge pas.

33

DU CÔTÉ DU PORT DE LA VIGNE

En garant la Porsche Cayenne sur le parking surplombant l'adorable petit port de la Vigne, Vincent décida quelque chose qui déplut fortement à Dédé.

— Dédé, tu restes là. Je vais juste jeter un coup d'œil sur le ponton avec Toto.

Interloqué et sur le point de se vexer, Dédé interrogea.

— Tu ne veux pas que je vienne ?

— Non, c'est inutile, reste dans la voiture.

— Qu'est-ce que ça veut dire ? Je pue de la gueule, je ne suis pas décoratif ? Elle est bien bonne, celle-là !

— Cherche pas des couilles aux vaches, fais ce que je te dis.

— Bien, Monsieur. Et, est-ce que Monsieur m'autorise à me rouler une clope et à me la fumer ?

— Pas dans la bagnole.

— Monseigneur, vous êtes trop bon…

En arpentant le ponton, Tovaritch, froissé par la remarque de Vincent, l'interrogea.

— Pourquoi tu lui as dit ça ? Tu l'as vexé inutilement.

— Aujourd'hui, il m'agace. Là, on va à la pêche pour essayer d'avoir des tuyaux sur ce bateau. C'est délicat. C'est pas la capitainerie qui va nous renseigner, tu t'en doutes. Il faut y aller mollo, tout en finesse. Faut pas qu'on fasse la sottise de poser des questions au mauvais mec – au propriétaire du bateau lui-même, par exemple. On marche sur des œufs. C'est un petit port, tout le monde se connaît, ici. Et puis, j'ai l'habitude, c'est quand même mon métier. Dédé, il est plutôt dans le genre éléphant dans un magasin de porcelaine. On vient pas là pour se faire repérer et ficher en l'air l'enquête alors qu'on a une bonne piste.

— T'as certainement raison. C'est vrai que Dédé, question discrétion, c'est pas vraiment ça.

— Je te le fais pas dire.

Ils passèrent sans s'arrêter devant le bateau, amarré étrave face au quai. Ils veillèrent d'autant plus à ne pas le regarder avec insistance que celui d'à côté était occupé par un homme bricolant dans le cockpit ; il ne fallait pas éveiller les soupçons. Arrivés au bout du ponton, à bonne distance de l'appareil suspect, ils se concertèrent.

— Bon. Notre bateau est vide. J'ai noté le numéro de la place. Comme ça, si on échoue, si on n'a pas de billes, je pourrai toujours le donner aux gendarmes. Mais j'avoue que ça m'ennuierait. Comment peut-on faire pour l'identifier ?

— On peut essayer de demander à son voisin. Il doit bien le connaître.

— C'est risqué. S'il le connaît, s'ils sont potes…

— Bon, alors on laisse tomber, on se casse.

— Non pas. T'as raison. On essaye avec le voisin. Mais toi, tu dis rien. Avec ton accent russe, tu vas lui foutre la trouille.

— T'es charmant, aujourd'hui. Après Dédé, c'est mon tour ?

Vincent feignit d'ignorer la remarque et se dirigea vers l'homme assis dans son bateau. Le plaisancier d'un certain âge, vêtu d'une marinière brûlée par le soleil et d'une casquette bretonne enfoncée sur les oreilles n'avait pas l'air avenant. Vincent le salua avec obséquiosité mais n'obtint en retour qu'un hochement de tête sec.

— Excusez-moi de vous demander pardon si je vous dérange.

— …

— C'est au sujet du bateau voisin.

Vincent montra du doigt le Guy Couach et reprit.

— On m'a dit qu'il était à vendre…

Après avoir marqué un silence, l'homme répondit.

— On m'a dit… et c'est qui, « on » ?

— Un copain qui a un voilier ici.

— Ah bon ? Quel voilier ?

— C'est pas le sujet, mais…

— Votre question non plus n'est pas un sujet. Je n'ai rien à vous dire. Ce bateau n'est pas à vendre. Au revoir.

Et l'homme lui tourna délibérément le dos.

Vincent envisagea de lui fourrer sa carte de police sous le nez après lui avoir enfoncé la casquette autour du cou mais se ravisa, craignant que cela produise l'effet opposé à celui recherché.

Dédé, contrevenant à la recommandation de Vincent, avait quitté la voiture et approchait, nonchalamment, les mains dans les poches, tirant sur sa cigarette roulée tout en examinant, en connaisseur, les bateaux un à un.

L'attitude de son ami cumulée à la rebuffade qu'il venait de subir acheva d'agacer Vincent mais Dédé, rigolard, les avait déjà rejoints.

— Alors, ça va comme vous voulez ?

— Tu parles ! Viens, on se casse.

Dédé, toujours les mains dans les poches et le mégot aux lèvres, avisa le plaisancier revêche.

— Attendez, je vais demander à Augustin.

Il s'approcha de l'homme qui laissa échapper un cri de joie en souriant.

— Oh putain ! Dédé, ça fait combien de temps qu'on s'est pas vus ? Tu vas bien ? Et *Marie-Thérèse*, elle navigue encore ? Monte à bord, on va se taper un gorgeon ! Ils sont avec toi les deux touristes ?

— Non, c'est un assureur et un mec qui vient pour faire des devis pour des coussins. Hé ! les gars… allez boire un coup au rade à côté de la capitainerie. On se retrouve à la voiture. Je bavarde avec mon pote Augustin !

— Eh bien, punaise, comment tu leur parles !

— C'est des charlots. Ça leur fait le prépuce. Alors, tu fais toujours la loubine ?

— Quand je peux. Parce que maintenant, je fatigue. Et faut que je m'occupe de Marguerite, elle va pas fort. De toutes façons les loubines, y'en a de moins en moins. Entre les satellites, les centrales nucléaires et le réchauffement climatique, elles ont préféré se barrer.

— Et qu'est-ce qu'ils te voulaient les deux gonzes ?

— Soi-disant qu'ils étaient intéressés pour acheter le bateau d'à côté. Tu parles ! Il n'est pas à vendre. Ça fait plusieurs années qu'il est là, et je connais bien le propriétaire actuel. Un tocard, un faisan de première. C'est le mec qui vend des bagnoles d'occasion sur la route de La Teste, juste avant les prés salés sur la droite. Tu vois où c'est ?

— Je vois. Dis donc, c'est pas reluisant son gourbi. Il vend que des tracassins et des bagnoles de Mickey complètement rincées. Et, il a la clientèle qui va avec… Des guitaristes, des tatoués avec une crête sur le cigare et des patibulaires. T'as raison, il est pas clair, ce gus.

— Mais bazar, comment il s'appelle cet Indien… La… La… quelque chose, je perds la mémoire. Tu sais, il est avec une grosse, une espèce de fausse blonde avec des nibars comme des bouées de corps-mort, elle a souvent un imper en fausse peau de tigresse. Elle est toujours fourrée au centre Leclerc, elle traîne un clébard genre rince-bouteilles, tu vois qui c'est ?

— Pas vraiment. Ah ! La vache, il décape ton pousse-au-crime, pas besoin de se faire détartrer les chicots ! C'est toi qui le distilles ?

— Ouais. Avec les pommes de la belle-mère.

— Elle est encore vivante ? Elle a de la suite dans les idées ! Je croyais qu'elle avait lâché la rampe. Ça lui fait quel âge, maintenant ? Bon, allez, j'y vais. Faut que je récupère les autres blaireaux avant qu'ils se défoncent la ruche au lait-fraise et qu'ils se roulent par terre agités de tremblements. *Adichatz*, Augustin, et passe à l'ombre !

De retour à la voiture, Dédé, hilare, s'installa à la place arrière droite de la Porsche Cayenne et s'adressa dédaigneusement à Vincent.

— Chauffeur, à la maison. Mettez-moi Radio Nostalgie, mon brave.

Vincent et Tovaritch se regardèrent, consternés et Tovaritch conclut.

— On l'abandonnerait bien dans les bois, mais il serait foutu de se retrouver et de revenir avec dix kilos de cèpes. Et il sait qu'on a encore besoin de lui.

— T'as raison. Rentrons. Soyons diplomates, différons les idées géronticides, et autres projets criminels.

— J'ai faim, bordel ! lança Dédé.

— Salade de gésiers, de magret séché et de noix. Confit d'oie gersois et pommes de terre sarladaises, plateau de fromages, citron givré, café liégeois et coupe colonel, ça t'ira ?

— Au poil. Tu peux accélérer.

— Attention ! Menu réservé aux personnes coopératives, loquaces et agréables. Je suis pas certain que tu aies le profil requis.

— C'est un malentendu, je vous explique. J'ai pas le nom du propriétaire du bateau, mais je sais où il bosse. Et si vous voulez, je vous y amène tout de suite. C'est un charlot qui vend des voitures d'occase sur la route de La Teste.

— Eh ben voilà ! C'est pas plus dur que ça. Il ne reste plus qu'à commander les pizzas pour ce soir. Qu'est-ce que tu veux, quatre fromages ou napolitaine ?

— Quoi ? Escroc ! Vermine ! Cancrelat ! Nécrophile sybarite ! Policier !

34

DÉDÉ ET CES DAMES

Après dîner, en attendant le café, Dédé, qui avait réussi à capter l'attention des trois filles, entreprit de leur raconter comment il avait identifié le bateau recherché.

— C'est simple. Quand Vincent et Toto se sont pointés sur le ponton, tout le port les regardait. Vincent avait pris l'air inspiré de Maigret, le sourcil froncé, le regard pénétrant, il ne lui manquait que la pipe, le chapeau mou et la loupe. Il puait le flic à un kilomètre. Quant à Toto, il faisait le gorille, le mec aussi méchant qu'idiot. Il roulait des mécaniques, mâchait son chewing-gum avec un air terrible de brute épaisse évadée d'un hôpital psychiatrique. Et, bien sûr, quand ils ont posé des questions aux locaux, ils se sont fait jeter comme des malpropres. Voilà tout. De loin, j'ai vu le coup, je suis intervenu pour sauver la situation et j'ai obtenu le tuyau sans difficulté. Question de style de tact, de savoir faire, de psychologie, d'élégance. Ça sert à rien de vouloir impressionner les gens, de les prendre à rebrousse-poil.

— Arrête ton char Dédé, sinon on va te la passer au cirage noir brillant de marque Kiwi devant ces innocentes demoiselles.

— Je parle aux dames moi, pas aux primates à poils ras.

Vincent bondit de son fauteuil et immobilisa Dédé.

— Toto, va chercher le cirage !

— Non non, d'accord les gars, je retire tout ce que j'ai dit ! Vous êtes magnifiques, formidables, extraordinaires. Arrêtez ! Déconnez pas. Je suis vieux et vulnérable. Je suis cardiaque et rhumatisant, j'ai les os fragiles, et le cerveau malade. Vous devriez respecter les personnes âgées.

La soirée avançant, ils se séparèrent en trois groupes. Tovaritch, Vincent et Dédé entreprirent une partie de poker. Gégé, absorbé par la position de ses pièces sur l'échiquier, essayait de comprendre la stratégie de Tatiana qui était sur le point d'assassiner froidement sa reine. Sophie s'était assise devant le clavier du piano, à la gauche de Mélissa et tentait de l'accompagner dans un boggie-woogie asynchrone régulièrement interrompu par des éclats de rire.

*

Le lendemain, au petit-déjeuner, Dédé annonça une décision qu'il voulait importante.

— Messieurs, vous pouvez aller voir l'autre marchand de cacugnes hors d'âge et brinquebalantes sans moi. J'ai mieux à faire. Je reste avec ces dames. Maintenant, si sur place vous rencontrez un problème quelconque, n'hésitez pas à m'appeler. Je vous conseillerai, et au pire et s'il le faut, je me déplacerai pour intervenir et trouver une solution. Je ne vous retiens pas, vous pouvez disposer.

Vincent et Tovaritch, interdits, se regardèrent.

— T'as entendu comme moi ?

— À mon avis, il a mal supporté les derniers événements. La captivité, le stress, le régime alimentaire, tout ça, c'est plus de son âge. Il a des fils qui se touchent dans le cigare, ou alors il prend l'eau. Faudrait voir à l'amener chez le vétérinaire, il pourra peut-être faire quelque chose. Quelle déchéance ! Si la vieillesse est un naufrage, lui c'est le Titanic, le Torrey-canyon et le Costa-Concordia réunis. C'est quand même triste. Y'a pas si longtemps, il était encore à peu près normal, mais là…

— C'est ça, rigolez, moquez-vous de moi ! En attendant, les filles, elles m'adorent. Elles sont aux petits soins avec moi. Ça les change de certaines brutasses, de leur violence et de leurs gros mots. Suivez mon regard…

Tovaritch soupira en s'adressant à Vincent.

— Viens, on y va. Je sais pas ce que ça te fait à toi, mais moi, je peux plus…

35

ESSORAGE DE TRUFFE

Ils n'eurent aucune difficulté à trouver le garage qu'ils cherchaient. Il s'agissait d'une station-service désaffectée et défraîchie, dont l'esplanade était encombrée de véhicules divers, stationnés dans un savant désordre. Leur arrivée dans une Porsche Cayenne avait probablement émoustillé l'homme d'une cinquantaine d'années qui ne tarda pas à sortir d'un petit bureau aux vitres sales pour se diriger vers eux. Il marchait pesamment, traînant bruyamment ses santiags, les épaules en accent circonflexe oscillant à chaque pas. Sa bedaine flasque débordait de son jean sur une large boucle de ceinturon dorée représentant la tête d'un chef indien. Ses cheveux, plus jaunes que gris, étaient réunis en un catogan gras, filasse soulignant sa calvitie naissante. Gélatineux, son double menton tressautait à chaque pas.

Vincent le regarda approcher en fouillant à toute vitesse sa mémoire. Cette silhouette, cette démarche… Comme une bulle d'air crevant la surface, la réminiscence se mua en identification certaine et indiscutable.

— Putain, c'est Latouche ! Le marchand de bagnoles pourries de Villenave-d'Ornon ! Le salopard qui avait vendu une voiture gravement accidentée que Valentin a fait sauter dans une rue de Bordeaux[1].

— C'est l'histoire du commissaire qui a tourné fada et qui a essayé de jumeler Bordeaux avec Beyrouth ?

— Tout juste, Toto. Kandahâr-sur-Jalles, Kaboul-sur-Garonne, quel bazar, ça pétait de partout ! Tu parles si je m'en souviens ! Latouche des prés salés, aujourd'hui spécialisé dans l'embrouille maritime, la tromperie lagunaire, l'escroquerie océanique… On aura tout vu, mon pauvre Toto.

En reconnaissant Vincent, l'homme marqua un temps d'arrêt, soupira, puis repris sa marche en direction des deux amis.

— Ça va Latouche ? Tu fais dans le balnéaire, maintenant ? T'as troqué la berline allemande pour la décapotable et la Mini Moke ? Allez, fais pas cette tronche ! On est pas venus pour t'embastiller, ni pour te saccager le gourbi. Mon pote et moi, on est en vérif'. Peinards. On déroule un truc, tranquille. On nous a dit plein de choses bizarres, alors on vient voir si tu confirmes ou pas, c'est tout. On se méfie des racontars. Alors comme ça, t'as quitté Villenave-d'Ornon pour l'air de la mer ? Ah ! Villenave, son aqueduc antique, son église, son bar-tabac. T'étais pas bien, là-bas ?

— Vous plaisantez, monsieur le commissaire. J'avais une bonne affaire, mais après votre passage, j'ai dû fermer ! Vous m'avez saisi cinq voitures, je me suis pris un article carabiné dans le canard régional, et j'ai bouffé la grenouille.

— Tu revendais des véhicules accidentés et bricolés à la sauvette, des bagnoles qui n'avaient plus leur moteur

1. Voir du même auteur *Les Bassins à flot et à sang*, collection SO Noir.

d'origine et tu aurais voulu que je te fasse citer à l'ordre national du mérite ? Qu'est-ce que t'as pris ?

— Un an.

— Aujourd'hui, on n'incarcère pas pour un an ferme ou moins d'un an. Donc, sur ce coup, t'as pris que dalle. T'es pas allé à Graduche, alors t'as pas à couiner, tu t'en sors plutôt bien. Par contre, un sursis, ça se résilie. Et faudrait pas que tu me laisses l'impression de persister dans un processus délinquant obstiné et regrettable. Je voudrais pas être venu pour te passer la deuxième couche. Ça me ferait de la peine. Aujourd'hui, je ne me sens pas l'âme liberticide, ça me contrarierait de te foutre au placard. Mon côté humaniste, sans doute.

Désignant Andreï, Vincent poursuivit :

— Je te présente mon nouvel adjoint. Je sais pas pourquoi, mais les truffes l'appellent « presse-purée ». On l'a récupéré quand il s'est fait virer de la légion étrangère. Il paraît que chez les képis blancs, il broyait du noir et qu'il avait la main un peu trop lourde. On a pu le recycler de justesse dans la maison Lardu, histoire de sauvegarder son savoir-faire artisanal. Bon ! Montre-moi ta comptabilité, ton livre de police, les cartes grises de toutes tes voitures et de ton vélo si t'en as un.

— Dites-moi ce que vous voulez, au juste.

— Tu ne te sers jamais de ton bateau ?

— Non, non.

— Mais, est-ce que seulement tu sais que ton bateau sort du port ?

— Euh ! Pas vraiment. Mais… peut-être. Il m'est arrivé de le prêter.

— Ben voilà. Quand et à qui ?

— Alors là… je m'en souviens plus précisément.

— Je ne te demande pas de remonter au crétacé supérieur. Je vais te poser la question en bon français avant que mon ami ici présent ne t'accompagne aux toilettes pour te la poser en serbo-croate. À qui as-tu prêté ta putain de barcasse il y a trois jours de cela ? Je connais déjà la bonne réponse, je veux juste une confirmation, histoire de vérifier les potins du quartier et ta sincérité proverbiale. Si tu tergiverses, t'es bon pour un quart d'heure en tête à tête avec Presse-purée, suivi de la répression des fraudes sur le dos, le fisc sur les guindeaux, l'URSSAF qui te fait un brushing et les perdreaux qui contrôlent tes bagnoles. Et là, tu pourras pas te refaire la cerise à Villenave ou ailleurs. Même à l'Armée du Salut, ils ne voudront plus de toi. Tu seras black-listé chez Emmaüs et à la Banque Alimentaire. Il te restera la SPA, et encore… Je t'écoute, je suis tout ouïe.

Tovaritch, qui avait adopté un sourire sardonique tout en mâchouillant un cure-dents, faisait craquer les phalanges de ses doigts en fixant Latouche d'un regard vide et stupide, qu'il voulait sadique. Devant cette composition très réussie, Vincent se retint difficilement d'éclater de rire et enjoignit à Andreï.

— Pas maintenant ! Attends un peu. On va quand même lui laisser une chance.

Terrorisé et regardant ailleurs, Latouche souffla dans un soupir.

— Dubourg…

— Précise. Quel Dubourg ?

— Tonio.

— Ben, tu vois, c'est pas si dur. Et il crèche où ?

— À La Teste.

— C'est grand, La Teste, c'est même l'une des plus grandes communes de France.

— Je sais qu'il a un truc à la zone industrielle, mais j'en sais pas plus.

— Juste pour vérifier si t'es franc du collier... une ou deux questions. Il fait dans quoi, Dubourg ?

— Plein de choses. Vous le savez aussi bien que moi.

— Justement. Je t'écoute.

— Ben normalement, il fait l'entretien des jardins des villas, de l'élagage, des petites réparations dans les maisons, un peu de gardiennage et de surveillance. Et puis l'enlèvement de déchets et d'encombrants.

— Oui, mais comme tu dis, c'est « normalement »... et anormalement, il fait quoi ?

— Un peu de réparations de bateaux, des carénages, des changements d'hélices à flot. Il pose des corps-morts et il en loue aux estivants.

— Oui, mais ça tout le monde le sait et c'est pas tout.

— Il a une épicerie flottante sur un bac-chaland. À la saison, ça paye. Il fait le taxi entre la plage et les corps-morts en zodiac avec des gars qu'il paye au black. Il fournit du matériel pour les fêtes, tables, chaises, barnums.

— Mais pas que...

— C'est ce qu'on dit.

— T'en oublies ou tu le fais exprès ?

— Je sais. Il fait plein de trucs. Il loue des Méharis pour les « petits mouchoirs ». Il trimballe des people entre l'aérodrome de Villemarie et les villas avec un minibus.

— Et l'hiver, il fait l'huître ?

— Exact.

— Sauf que lui, il les ramasse la nuit. Quand elles dorment...

— C'est ça. Mais il a de sacrées relations, un putain de carnet d'adresses. Sauf votre respect, monsieur le commissaire, je doute que vous arriviez à le bouger, Dubourg. Il a des appuis. Et il a une société à lui. Il a même pognon sur rue.

— C'est quand on jette l'argent par les fenêtres qu'on a pognon sur rue.

— Est-ce que vous me garantissez de ne pas me faire de souci ?

— Dis toujours.

— Dubourg, il a un parrain. Un vieux qui habite au Pyla, boulevard de l'Océan.

— Comment tu sais ça ?

— Ma mère habite dans le coin. Plusieurs fois, je l'ai vu sortir d'une grosse villa avec un gars qui a la soixantaine passée.

— C'est qui ce mec ?

— Je sais pas.

— Et la villa ?

— Une grosse villa avec un toit à quatre pentes. Des clôtures blanches très hautes, on voit pas derrière. Un portail en plastique blanc avec sur les piles de portail, des lions en pierre reconstituée.

— Un mec qui a du goût, en quelque sorte.

— Exactement. C'est un vieux qui a un gros coupé Mercedes avec une capote bordeaux. C'est lui qui pilote Dubourg, qui lui donne les contacts et les affaires à réaliser. Mais le vieux, il touche à rien, il voit ça de loin.

Il roule avec quoi, Dubourg ?

— Un pick-up noir, à double cabine.

— Un Mitsubishi ?

— Oui. La dernière fois qu'il est venu me voir, il était là-dedans. Y avait deux gars qui l'attendaient dans le véhicule. Dans le genre manganes.

— Explique-moi. Comment se fait-il que ce mec ait eu besoin de t'emprunter ton bateau ? Il pouvait pas se débrouiller autrement, avec les moyens qu'il a ?

— Apparemment, il avait un bateau au carénage et les deux autres en panne. Et à l'entendre, il avait un besoin urgent, un imprévu. Il était coincé.

— Donc, c'est pas pour aller à la pêche aux coustuts ou faire du bronze-nibars avec des filles qu'il t'a emprunté ta périssoire ?

— J'ai pas demandé. Avec lui, faut pas poser trop de questions.

— Et il t'a filé combien pour la location de ton superbe canote ?

— Trois cents euros.

— Bien. Tu penseras à les déclarer aux impôts. Le seul problème, c'est que tu nous apprends rien, ou si peu… On savait tout ça. Maintenant, il te reste la satisfaction et la fierté d'avoir aidé les forces de police de notre bon pays. On va essayer d'éviter de dire à Dubourg que tu l'as balancé, il pourrait se fâcher. Surtout si tu me dis qu'il est mauvais joueur. Tu devrais peut-être essayer d'aller vendre des motoneiges d'occasion au Sahara, ou des dromadaires fatigués dans le nord de l'Alaska. Tu ne crois pas ? Viens, Presse-purée, on se tire, on a d'autres charlots à confesser.

*

De retour dans leur voiture, Vincent prit le volant et Tovaritch se mit à rire.

— T'as vu dans quel état tu l'as mis ? T'as dû lui déclencher une crise de rectocolite hémorragique. Il est en train de repeindre son bureau, le dangereux malfaisant.

— Arrête de rigoler, Toto. T'as entendu ce qu'il a dit ? Ce serait un nommé Tonio Dubourg qu'aurait récupéré la coke. S'il en garde un tout petit peu pour animer les soirées estivales du Bassin, il va se faire du plâtre, le zèbre.

Vincent prit le volant et, avisant la direction prise par la voiture, Tovaritch s'inquiéta

— Où vas-tu ? On rentre au Ferret, non ?

— T'as entendu comme moi. Le boss, ce serait un vioque qui crèche boulevard de l'Océan au Pyla-sur-Mer. Une grande villa avec un portail blanc encadré par deux lions du meilleur effet. On ne devrait pas la louper. Y'en a qui ont vraiment des goûts de chiotte…

36

UN VOYOU PEUT EN CACHER UN AUTRE

Ils parcoururent l'avenue à faible vitesse, Tovaritch se chargeant du côté droit, Vincent se réservant le gauche.

Ils étaient presque arrivés au belvédère et commençaient à sérieusement douter du renseignement de Latouche lorsque Vincent aperçut la villa et ses piles de portail caractéristiques.

Ils passèrent devant.

— Merde, on ne voit que les fenêtres de l'étage et la toiture. C'est mal barré. Par contre, regarde en face... tabac-journaux-snack-bar. Viens, on va faire connaissance. Avertis les filles qu'on ne rentre pas déjeuner. On pose la caisse, on passe en piéton devant la villa pour voir si y'a un nom sur le portail et après, on s'embusque au troquet.

La barrière de la maison ne comportant aucune indication, ils se replièrent sur le snack-bar.

L'atmosphère de l'établissement était assez morne. L'essentiel de son activité se faisant en période estivale, ils furent accueillis sans entrain par une jeune femme indolente.

— On peut déjeuner, manger un morceau ?

Elle soupira.

— Installez-vous, j'arrive.

Assis côte à côte sur une banquette recouverte d'un skaï douteux et collant, ils avaient une vue imprenable sur la maison et les lions de pierre ornant les piles de portail. Vincent acheta quelques journaux et des cigarettes avant de rejoindre sa place. Il commanda les apéritifs, puis un plat qu'il savait long à préparer.

Il venait d'attaquer son ramequin de mousse au chocolat lorsque Tovaritch lui assena une brutale bourrade sur le bras… ce qui lui fit écraser sa cuillerée de chocolat sur sa joue.

Un lampion jaune-orangé s'était mis à clignoter sur l'une des deux piles du portail électrique blanc de la villa, et celui-ci commençait à s'ouvrir. Un gros coupé Mercedes blanc à capote bordeaux descendit lentement l'allée, franchit le portail et s'arrêta sur le trottoir le temps de laisser passer les véhicules circulant sur l'avenue.

Vincent se mit à râler.

— Avec ces saletés de vitres teintées, impossible de voir qui est dans la bagnole.

Comme s'il avait été entendu, le conducteur abaissa sa vitre latérale. En engageant sa voiture sur l'avenue, l'homme tourna la tête pour vérifier que la voie était libre, et un court instant, Vincent put le voir de face et fut immédiatement frappé de stupeur. Il s'exclama trop fort.

— Ça alors, Pierre Nogues !

Dans le silence du snack, la serveuse avait tout entendu.

— Vous le connaissez ?

— Oui, oui. Mais ça fait longtemps qu'on s'est pas vus. Je ne savais pas qu'il habitait ici. Je lui aurais bien passé le bonjour… trop tard, il est parti. Sacré Pierrot, il n'a pas changé…

— Il vient souvent ici avec son petit-fils, Adrien. Il est mignon, ce petit. C'est un copain de ma fille. Elle s'appelle Prune, ma fille. Ils sont ensemble au club de voile du Moulleau. Ils font de l'Optimist. Alors quand Adrien vient au Pyla voir son papi, il le traîne ici pour voir Prune, manger une glace et boire un Coca. Ça le change, parce qu'avec le papi, il doit pas rigoler tous les jours. Il est fou de son petit-fils, mais c'est pas un marrant. Adrien, il voulait aller au collège public pour pouvoir voir Prune, mais sa famille l'a mis à Saint-Elme, l'école privée des rupins.

— De quoi elle se mêle celle-là, elle nous emmerde, souffla Tovaritch à l'oreille de Vincent.

— Non, pas du tout. Viens, on dit au revoir poliment et on se tire.

*

Une fois de retour dans leur voiture, Vincent fit à Andreï :

— Tu sais, lorsque les gens te parlent, tu ne sais pas, dans le flot de banalités qu'ils énoncent, ce qui un jour peut devenir utile ou précieux. C'est d'ailleurs ce qui manque tant aux policiers d'aujourd'hui : la vie de bistrot, où tout se dit avec légèreté, où s'écrit souvent la petite histoire, et parfois même un bout de la grande. Tu vois, pour Nogues, soi-disant rangé des voitures depuis dix ans. Ce mec, il a tout fait dans la vie : proxénétisme, extorsion de fonds, escroqueries en bande organisée, braquages, fausse monnaie, homicides volontaires… Il prend sa retraite sur le Bassin. Il joue probablement au golf. Il doit trimballer un caniche abricot et être membre du Lion's Club. Il est gaga de son petit-fils. Quel enfoiré ! Quand je pense qu'au service de documentation de la PJ, on voulait archiver son dossier en raison de son âge. Il a changé, mais c'est bien lui. Il a toujours l'air aussi mauvais. J'en ai la chair de poule. T'as pris l'immatriculation ?

Sans répondre, Tovaritch lui montra son journal sur la marge duquel apparaissait le numéro de la voiture. Vincent, complètement abasourdi, reprit néanmoins son explication.

— Pierre Nogues… j'y crois toujours pas. Il doit avoir pas loin de soixante-dix balais. Je ne peux pas te donner son palmarès, tellement il est fourni. Il doit encore avoir des sursis qui traînent, des libérations conditionnelles et quelques vieux trucs dans le genre extrait de jugement. Ce gars a semé la terreur parmi les voyous durant trente ans à Bordeaux. Quand il était en cabane, c'est son frère André qui veillait sur ses affaires. Il rackettait tous les grands bars du centre de Bordeaux et ceux dont les patrons ne payaient pas brûlaient régulièrement. On disait que c'était accidentel, que c'était le percolateur à gaz qui avait mis le feu… même lorsqu'il était hors service. Quand un nouveau venu voulait s'installer à Bordeaux, Nogues prenait des parts dans son affaire, quitte à l'accompagner gentiment chez le notaire après un détour pédagogique dans les champs d'artichauts du côté de Macau. Dans les rades amis, il installait des machines à sous truquées et ses factotums passaient ramasser la comptée. Quand un demi-sel venait lui marcher sur les arpions, il le faisait refroidir illico. C'est un gars qui foutait la trouille à tout le monde, y compris aux flics. Un vrai méchant, un salaud.

Tovaritch tempéra.

— De toute façon, on s'en fout. On va pas s'en occuper. On n'est pas outillés pour. On va filer le tuyau aux gendarmes et on décroche.

— Ils n'ont pas fini de s'amuser, avec ce mec. Il est impossible à surveiller et à filocher. Méfiant comme un rat, il connaît toutes les ficelles des flics. Tu te mets à son train et il te repère en cinq minutes. Il conduit le nez sur les trois rétroviseurs, il clignote à droite et il tourne à gauche. Avant de rentrer chez lui, il fait deux fois le tour du quartier avec ta bagnole en remorque. En perquise, tu ne trouves jamais rien chez un gars comme ça. Tout est planqué à l'extérieur. À moins de lui faire une perquise mexicaine…

— C'est quoi ça ?

— Lors d'une perquise mexicaine, tu amènes avec toi ce que tu souhaites trouver, comme ça t'es sûr de pas être déçu… Le gars, quand tu lui montres le soufflant que tu viens de mettre dans le tiroir de sa table de nuit, il jure ses grands dieux que c'est pas à lui, qu'il ne l'a jamais vu, mais comme ils disent tous ça… il est bagué.

— Mais c'est dégueulasse ! Dégueulasse et illégal.

— Complètement. Mais entre enfoirés, y'a pas de doublure.

— T'as jamais fait ça, toi ?

— Non, jamais. Ou alors, je ne m'en souviens pas. Et puis Nogues, maintenant, à son âge, il risque trop gros pour se laisser faire. Il faut le prendre par surprise, sinon il est capable d'artiller. Imagine-toi qu'on le crève pour trafic de stups. Il risque dix ans. Il sortirait à quatre-vingts ans. Sans compter qu'au niveau santé, les années de cabane comptent double, comme au Scrabble. C'est sa vie qu'il joue. Mais de toute façon, c'est pas pour nous ; t'as raison, trop dangereux, on va lâcher l'affaire. Tu vois Toto, maintenant je comprends mieux l'histoire : les trafiquants ont du mal à entrer dans l'espace européen. Une fois dans Schengen, c'est du velours. Plus de frontières, plus trop de contrôles. Mais pour rentrer, faut un contact, un transitaire qui réceptionne, stocke avant de ventiler aux destinataires. Je parie que c'est ça, le job de Nogues. Réceptionner, stocker, ventiler. Cette came, si ça se trouve, elle va être fractionnée et partir tranquillement, maintenant ou plus tard, sur Madrid, Berlin, Rome, Amsterdam, Vesoul ou Knokke-le-Zoute. Comment, par quel moyen, je ne sais pas. Peut-être que certains clients viennent la chercher sur place. Ou bien Nogues la fait livrer par un des mecs de l'équipe de Dubourg. Oui, on peut dire qu'il est transitaire, et certainement très difficile à amarrer.

— Et comment t'expliques qu'ils aient fauché la pinasse de Dédé ? Ça, c'est plutôt un truc improvisé par des Pieds nickelés, un truc à la noix, non ? Ça ressemble pas à ton Nogues.

— Ça, je l'ai compris avec Gégé. Je t'ai déjà expliqué que les sous-marins des trafiquants avaient un échappement en dessous de la coque pour que les gaz refroidissent avant de gagner la surface, une espèce de schnorchel.

— Oui.

— Gégé m'a dit que quand il a plongé sur le sous-marin, il a remarqué que ce tuyau était dessoudé et aplati. Le sous-marin est entré dans le Bassin à marée basse. Avec la houle, il a dû talonner le fond ou un banc de sable sur le seuil des passes et ça a flingué l'échappement. À tous les coups ils se sont mangé une voie d'eau, mais ils ont continué parce qu'ils étaient presque arrivés. Sauf qu'à un certain moment, avec les vibrations, la voie d'eau s'est agrandie. En plus de ça, à l'intérieur, ils devaient se prendre tous les gaz d'échappement dans les naseaux. Dans cet espace hyperconfiné, ça devait pas être facile. Donc, pour pouvoir couper le moteur, ils ont demandé à Dédé de les remorquer. Mais la voie d'eau était trop grande et le remorquage trop lent… Ils ont compris qu'ils allaient couler. Alors ils ont pris possession de la pinasse de Dédé par la manière forte et ont commencé un transbordement qu'ils n'ont pas pu finir. Le sous-marin a coulé avec une partie de la cargaison.

37

UN RÊVE DE CROISIÈRE

Tovaritch faisait grise mine.

— Belle démonstration, mais moi j'en ai plein le dos des voyouseries. Mon rêve à moi, c'est qu'on s'en aille tous en Bretagne Sud, avec *Anastasia*. L'estuaire de la Gironde, les pertuis charentais, l'île d'Yeu, Belle-Île, Hoedic, Houat, le golfe du Morbihan…

— Le tour de l'île d'Hoedic à pied, au crépuscule en sortant du restaurant… Le bruit du ressac, l'odeur des immortelles et des chardons, le son de la bombarde et du biniou porté par le vent depuis un troquet. La vraie vie.

— On mangerait un bar cuit au sel, des huîtres de Marennes, des mouclades avec des frites, des crêpes…

— Tu penses qu'à bouffer. Et on rentrerait à la fraîcheur sur le bateau. On dormirait tous hublots ouverts pour profiter de la bise et de la fraîcheur nocturne, pelotonnés dans les bras de nos femmes…

— Allez, on passe à autre chose. Plein le dos de ces salades. C'est décidé. On se barre !

— Attends Toto. On se tire pas comme ça. D'abord, faut préparer *Anastasia*. Est-ce que son radeau de survie est à jour de révision ?

— Non… c'est vrai.

— Sur le Bassin on s'en fout, mais on ne sort pas en haute mer sans avoir fait réviser le radeau. Et puis, avant de faire une longue croisière, faut qu'on fasse un essai avec les filles. Une sortie en pleine mer loin des passes et une nuit au large, pour voir si elles s'amarinent. Parce que si c'est pour qu'elles vomissent pendant quinze jours, c'est pas la peine. Et puis il faut que je t'apprenne à naviguer à l'estime, à l'ancienne, avec une carte papier une règle Cras, une pointe sèche, un compas de relèvement, un compas de route, un loch-speedo et un livre de bord sur lequel tu notes tout.

— Pour quoi faire? J'ai deux traceurs GPS à bord, un radar, une radio VHF-AIS, une balise de détresse, un transpondeur satellite. Sans compter mon ordinateur portable et mon smartphone.

— Que de l'électronique… On appelle ça des « aides à la navigation » mais ce n'est rien d'autre que des aides à l'usage des locataires de pédalos. Ce ne sont pas des moyens de navigation, il faut constamment le rappeler et ça devient pénible. Il ne faut pas compter sur tes trucs électroniques. C'est pas comme ça qu'on navigue, Toto. C'est même de la folie, d'avoir une telle confiance dans la quincaillerie chinoise. Un feu de Saint-Elme sur le roof du bateau ou sur une de tes antennes et tu reçois plus rien, la surtension te crame toute ta camelote.

— Un feu de Saint-Elme? C'est quoi?

— Tu pars de loin, toi. Qu'est-ce que tu veux comme explication? La courte ou la normale? C'est un phénomène physique et électrique lié aux conditions météo. Ça se produit dans des circonstances pré-orageuses. C'est la création d'un puissant champ électrique autour d'un ou plusieurs conducteurs. Un peu comme ce qui se passe sous les lignes à haute tension. Ça grésille très fortement en dégageant une lumière violette et c'est accompagné d'une augmentation considérable du champ électrique au voisinage des antennes et de tout ce qui pointe en relief. En mer, ça te fout une trouille terrible et ça te nique tout le matériel. Et si t'as pas le bateau à la masse, il peut prendre feu ou bien les vapeurs d'essence le font exploser. C'est clair, blaireau ?

— T'as connu ça ?

— Oui, en tête du mât de *Méa*, ça grésillait très fort et ça sentait le silex frappé, la pierre à feu.

— Et, t'as fait quoi ?

— J'ai bu un whisky en attendant que ça passe.

— Tu crois que ça a un effet de boire un coup ?

— La preuve, ça s'est arrêté. Le feu de Saint-Elme est généralement le signe avant-coureur d'un violent orage. Le plus souvent, tu observes ça sous un « cunimbe » – un cumulo-nimbus si tu préfères. Tout ça pour dire que si tu te prends un feu de Saint-Elme et que t'as pas noté ton point en latitude et longitude juste avant, t'es paumé. Quel cap faire, quelle distance à parcourir ? Ajoute de la brume là-dessus, un vent de travers, un courant de face et une mer forte, et on te retrouve entre Vladivostok et Canberra, entre un renne et un koala.

— T'as raison. Viens, on rentre à la maison. On va dire aux filles qu'on a signé l'armistice et que bientôt, on s'en va. Et puis il va falloir avitailler *Anastasia*.

— Faut commencer la liste.

— Champagne. Combien de bouteilles ?

— Compte six par jour. C'est un minimum. Tu multiplies par quinze.

— Ça fait quatre-vingt-dix. On ne boit pas tout ça !

— C'est quand on approvisionne un bateau qu'on se rend compte de l'importance des choses. Tabarly aimait le vin rouge et il en buvait une bouteille par jour. En 1969, alors qu'il préparait Pen Duick V pour la première édition de la course San Francisco-Tokyo dont on ne pouvait préjuger de la durée, les Américains ont été épouvantés par les quatre-vingt-dix bouteilles de bordeaux qu'il embarquait dans son bateau. Pour la petite histoire, Tabarly a fini premier avec onze jours d'avance sur le second. Éric n'a pas eu le temps de boire tout son vin… Les organisateurs, écœurés par cette suprématie désinvolte, n'ont jamais réédité cette fameuse course.

38

PRÉLUDE AU DÉPART

La nouvelle de l'abandon de l'affaire fut accueillie avec autant de joie que celle d'une longue croisière prochaine. Ce départ tous ensemble vers des destinations aussi inconnues qu'attrayantes fut le grand sujet de la soirée. Quels vêtements prévoir ? Fallait-il emporter des médicaments ? Et surtout, l'état de Mélissa nécessitait-il des précautions particulières ?

Les hommes, de leur côté, s'inquiétaient plutôt de l'autonomie d'*Anastasia*.

— Cinq cents litres de gazoil, ça nous fait cinquante heures d'autonomie à quinze nœuds, soit sept cent cinquante milles, c'est-à-dire mille quatre cents kilomètres. Quatre cents litres d'eau, à raison de cent quarante litres par jour, ça devrait aller. Y'a que pour l'eau chaude… À peine cent litres. Faudra que ces dames se lavent les cheveux dans les ports… Sur un bateau, tu passes ton temps à faire du calcul mental.

— T'inquiète pas, on sera à quai presque tous les soirs. On ne fera du mouillage forain que dans les îles de Bretagne… et encore. D'ailleurs, faudra penser à embarquer l'ancre de miséricorde. J'ai vu qu'elle était dans le garage.

— Pourquoi donc ?

— Parce que si on doit quitter un mouillage en catastrophe en abandonnant nos ancres d'usage sur un flotteur, il nous faut une miséricorde au cas où... c'est l'ancre de la dernière chance. À l'époque de la marine en bois, c'était une ancre à jas qu'on amarrait au pied du grand mât. Les Anglais l'appelaient *sheet anchor*. Aujourd'hui, peu de bateaux ont une ancre de miséricorde et la plupart des skippers ne savent même pas ce que c'est. Et lorsque tu leur expliques qu'elle sert dans les situations désespérées, ils te répondent que pour ça, ils ont le téléphone portable ! Quand on va sur l'eau, on devrait s'interdire d'appeler au secours. Pierre Mac Orlan a écrit un beau roman intitulé *L'Ancre de miséricorde*. Je te le recommande.

— T'es intarissable.

— Il y a trois sortes d'hommes : les vivants, les morts et ceux qui vont sur la mer... Citation apocryphe attribuée parfois à Aristote et d'autres fois à un attaquant-remplaçant du PSG. Mais c'est vrai, les marins sont des gars différents, surtout en vieillissant. Toujours prévoyants, avec un sens aigu de la responsabilité personnelle.

— Demain, j'appelle pour planifier la révision du radeau de survie. Pour l'instant, on va se coucher, et bercés par le roulis, on va pouvoir rêver à notre belle croisière...

*

Le lendemain matin, les amis installés sous la véranda achevaient paisiblement un petit-déjeuner interminable, lorsque Tovaritch, téléphone collé à l'oreille, questionna les hommes à la cantonade.

— Cet après-midi, seize heures, pour le radeau, ça vous va ? Vous pouvez m'accompagner ? Le truc pèse plus de soixante kilos. Il faut le descendre d'*Anastasia*, le mettre dans le coffre de la voiture et l'emmener à la Teste.

— T'inquiète pas. On y va tous les quatre. L'ouverture du container du radeau par le technicien, son gonflage, l'inventaire du matériel de survie, c'est très intéressant. Ça te permet de te familiariser avec le matériel de secours, les fusées, les feux de Bengale et les réserves alimentaires. Comme ça, le jour où tu fais naufrage, t'es moins emprunté… Mais attention, la révision complète prends au moins deux heures ! Si t'as rendez-vous à seize heures, on n'est pas de retour au Ferret avant dix-neuf heures.

— Pas grave. À partir du moment où les filles sont averties.

Sophie coupa Andreï.

— Mais on ne sera peut-être pas là ! On part après déjeuner avec la Megane, on va faire les magasins. On n'a rien à se mettre et pour naviguer, il faut des vêtements adaptés, on ne va pas partir toutes nues !

— Moi, ça me dérangerait pas, ponctua Dédé.

L'atmosphère était à la décontraction la plus totale, les choses se décidant et se faisant avec indolence et sourires. Après déjeuner, les copines embarquèrent en riant dans la Megane conduite par Sophie, les garçons dans la Porsche de Tovaritch. Le Russe, qui conduisait, se renfrogna rapidement et se mit à grogner en portant des coups de poing au volant de la voiture.

— Mais, c'est pas possible. Regarde comment elle conduit ! Elle est passée au stop sans même ralentir. Je suis sûr qu'elle n'a même pas regardé… Ça doit bien rigoler, dans cette bagnole. Elles me foutent la trouille. Vincent, il va falloir qu'on fasse quelque chose. S'il faut, je vais engager un chauffeur. Tiens, regarde ! C'est toi qui as demandé à Mélissa de ne pas mettre la ceinture de sécurité ? Elles vont m'entendre ce soir, je te le dis !

— Arrête de gueuler Toto, tu nous casses les oreilles. Et ce soir, tu ne leur diras rien, tu seras trop content de les retrouver intactes avec leurs sacs de fringues et une demi-tonne de bidules pour *Anastasia*.

Ils ne furent pas trop de quatre pour transborder le container du radeau de survie d'*Anastasia* au coffre de la voiture.

— Quand tu penses qu'en cas de naufrage, tu es supposé le manipuler tout seul de préférence, par mer déchaînée et sur un bateau qui coule, qui roule et qui tangue. C'est une vraie farce.

— T'as l'adresse de l'entreprise qui s'occupe des révisions ?

— Bien sûr. Zone industrielle de La Teste. À côté de la société BMS.

Ils trouvèrent sans difficulté et une fois le radeau de survie déchargé, ils assistèrent avec beaucoup d'intérêt à l'ouverture du container, suivi du gonflage de l'étrange bateau pneumatique. L'engin était supposé accueillir et abriter, des jours et des nuits durant, huit personnes perdues en haute mer. L'inventaire du contenu du radeau était impressionnant. Cela allait des évidentes réserves d'eau au livre de prières en passant par les fusées et la pharmacie. L'ensemble avait un côté inquiétant, presque sinistre – à part le ridicule matériel de pêche obligatoire mais impropre à la capture de la moindre ablette qui fit beaucoup rire Dédé.

Par la large baie vitrée de l'atelier, et dans leur champ visuel, ils pouvaient voir une grande partie des locaux de l'entreprise BMS et particulièrement la porte métallique d'un grand garage. La révision du radeau se terminait, le technicien refermait le container et la nuit tombait lorsque la porte électrique du garage s'ouvrit sans que personne n'y prenne attention. Cinq minutes plus tard, le radeau révisé ayant rejoint le coffre de la Porsche et alors que les amis s'apprêtaient à repartir, le garage de BMS s'éclaira. Seul Dédé y jeta un œil. Il resta là plusieurs secondes, immobile comme une statue, les yeux écarquillés, avant d'émettre un long sifflement inquiet.

39

SURPRISE !

— Putain de moine syphilitique ! Ben, les enfants, on n'est pas dans la merde ; si c'est pas le bordel, c'est bien imité. C'est pas en croisière qu'on va partir, c'est en galère !

Vincent, agacé, l'interrompit.

— Qu'est-ce que t'as à couiner comme ça ? Remue-toi, on y va. Les filles nous attendent.

Immobile, Dédé murmura tout doucement comme s'il craignait les oreilles indiscrètes :

— Couillon, suis mon regard et dis-moi que je rêve…

Vincent regarda distraitement dans la direction indiquée, haussa tout d'abord les épaules, puis sembla réaliser. Une expression de stupeur figea son visage.

— Bordel ! C'est pas vrai !

Dédé hocha plusieurs fois la tête.

— Mais si, mais si. Un Mitsubishi L200 noir avec le macaron du port d'Arcachon sur le pare-brise et des pneus à crampons… Plus un utilitaire Mercedes Vito blanc… Il manque juste un minibus Mercedes noir, du genre à celui qu'on a laissé chez les pandores.

Sidéré, Vincent entreprit le technicien qui était en train de rédiger la facture de révision du radeau.

— Ça veut dire quoi, « BMS » ?

— Bassin Multi Services. Et effectivement, ils font de tout, y compris du recyclage de pneus. Vous avez vu cette montagne de pneus au fond du garage ? Ils sont payés pour les récupérer et les collecter, puis ils les revendent à une entreprise qui fait des revêtements caoutchoutés.

— C'est la boîte de Dubourg, non ?

— C'est ça. Je ne le connais pas trop, faut dire qu'il n'a pas franchement envie de se lier, et moi non plus. Il ne vient même pas aux réunions des locataires de la zone.

Ils quittèrent les lieux complètement abasourdis, ne sachant que dire. Une fois de plus, c'est Dédé qui rompit le silence.

— On part bien en balade après-demain matin ?

Vincent le calma.

— Attends un peu, faut réfléchir. De toute façon, la météo est bonne pour au moins huit jours. On a sur la tronche un anticyclone de mille quarante millibars. J'irais bien visiter son gourbi, à l'autre salopard.

— Laisse tomber ! On se barre, lâcha Tovaritch.

Mais Vincent réagit avec humeur.

— Vous avez la mémoire courte, les gars. Vous avez déjà oublié qu'ils ont failli tuer Dédé, qu'ils nous ont embastillés comme des rats, qu'on a failli aller en cabane à cause d'eux, même qu'au plan judiciaire, c'est pas encore fini. Vous avez un sacré sens du pardon ! Vous, si on vous met une gifle sur la joue droite, vous présentez votre derrière pour qu'on vous sodomise !

— Qu'est ce que tu préconises ? tempéra Tovaritch.

— Tu téléphones aux filles pour leur dire qu'on est en retard. On fonce au Bricomarché, il est encore ouvert. On achète ce qu'il faut. Après on va dîner sur le bateau et on revient sur le coup de minuit pour faire une petite visite des lieux. Ça marche ?

La proposition ne sembla pas provoquer un enthousiasme délirant. Il jugea donc utile de préciser.

— Mais attendez ! On fait juste une vérification. Si c'est positif, on téléphone aux gendarmes, ils prennent l'affaire en main et dès le lendemain, on part comme prévu. Si c'est négatif, on téléphone à personne et on part aussi dès le lendemain, comme prévu. On ne change rien aux projets. Ça ne vous ferait pas plaisir de les niquer ? Imaginez un peu qu'on trouve la came ! Il aurait belle gueule, le Dubourg.

Gégé se rangea à l'avis de Vincent.

— T'as raison. Ça fait envie, faut y aller, et qu'est ce qu'on risque ?

Puis ce fut le tour de Tovaritch.

— Allons au Brico avant qu'il ferme. Il faut surtout penser aux gants.

— Sans oublier le pied de biche, le coupe-boulons, la massette, les quatre lampes frontales et les masques.

— T'es sûr que c'est bien légal ? hasarda Dédé.

— Je suis tout à fait sûr du contraire. Tu veux qu'on te dépose au presbytère, ou tu préfères aller nous balancer aux gendarmes ?

— Mais c'est pas possible, on ne peut même plus te parler ! Tu deviens acariâtre mon pauvre ami ! J'ai pas le droit de poser de questions ? C'est ton métier à la noix qui te rend comme ça ?

Tovaritch s'emporta.

— Mais arrêtez ! On dirait des gosses dans une cour de récréation. Dédé n'a qu'à rester sur *Anastasia* pendant l'opération, c'est tout.

— Jamais de la vie, je viens avec vous. Et qui c'est qui a identifié Latouche ? Qui c'est qui a vu les deux véhicules dans le garage ? C'est bibi. Et il faut bien quelqu'un d'affûté et de perspicace pour coordonner la stratégie opérationnelle. Ah c'est sûr, j'ai pas fait l'école des commissaires de police, on ne m'a pas refilé un uniforme de contre-amiral de porte-avions nucléaire, ni un pistolet dernier cri qui tire dans les coins tout seul. Je suis un pauvre cheminot retraité titulaire du seul certificat d'études primaires. Mais en attendant, sans moi, vous êtes perdus. Par contre, pour ce qui est de la reconnaissance, je sais que je peux toujours courir. J'ai pas affaire à des ingrats mais à des ingrats doubles. De la tripaille à la mode de Caen.

Vincent se fâcha.

— Gégé, s'il te plaît, bâillonne-le. Cet idiot va réussir à me convaincre du bien-fondé de l'euthanasie sur les vieillards.

*

Les amis firent leurs emplettes bruyamment, sans cesser de puérilement se chamailler. En sortant du magasin, Dédé fit remarquer aux trois autres.

— Je crois qu'on n'est pas passés inaperçus. Y'a même un surveillant qui nous a gardés à l'œil jusqu'au passage en caisse. Il était convaincu qu'on allait faucher quelque chose. C'est à cause de la gueule de Vincent, ça. Faut reconnaître qu'il n'inspire pas confiance. Je voudrais pas l'avoir pour gendre…

Et Dédé s'éloigna prudemment du groupe en riant sous cape.

— Regardez-moi ça : il a passé les soixante balais et il se comporte comme un morpion de douze ans.

Vincent regarda sa montre et reprit le contrôle de la situation.

— Assez ri. On va dîner sur *Anastasia* et on se prépare à intervenir dans quatre heures sur l'objectif BMS. Gégé, tu ne restes pas avec cette chemise à rayures claires, trouve un pull sombre. Toto, tu changeras de godasses, mets des tennis. Et on picole pas, ce soir. Allez, exécution !

Comme dans les heures précédant une opération de police, Vincent, taiseux se concentrait, se répétait mentalement les différentes phases de l'action, à la recherche des obstacles à anticiper puis surmonter, des incidents à régler pour atteindre le but recherché.

— Tu penses attaquer la porte de façade ou celle du garage ? lança Gégé qui partageait sa réflexion silencieuse.

— Ni l'une ni l'autre. Elles sont trop éclairées par les lampadaires publics, et même si la rue n'est pas trop passante, une voiture peut débouler assez vite, et on serait là à quatre, groupés en troupeau comme des ânes, sur un glacis, en terrain découvert, sans avoir le temps de se planquer. On ne peut pas faire mieux pour attirer les soupçons. Pas question. Sur l'arrière du bâtiment, il y a une fenêtre assez mal défendue par un seul volet roulant en plastique, sans barreaudage. On pète le volet puis la vitre avec la massette au niveau de la poignée. Ça doit être du double vitrage de deux fois quatre ou six millimètres. L'appui de fenêtre n'est pas trop haut, mais on approchera quand même une palette pour pouvoir l'escalader plus facilement. Appuyée en oblique contre le mur, ça fera office d'escabeau. Comment est la lune, ce soir ?

La réponse était, à l'évidence, du domaine de Dédé.

— Nouvelle lune. C'est-à-dire pas de lune visible dans le ciel. Nuit noire.

Vincent poursuivit sa réflexion.

— Le seul risque, c'est qu'on tombe sur une alarme. On pète la fenêtre et on attend. Si ça déclenche, y'a deux possibilités. Soit on se barre immédiatement, soit je rentre quand même pour jeter un rapide coup d'œil dans tout l'intérieur avant de décamper. On dispose toujours de dix minutes entre un déclenchement d'une alarme et la première réaction.

40

EFFRACTION

Après avoir dîné, et pour passer le temps en gardant l'esprit occupé, ils entreprirent une partie de carte endiablée qu'ils durent interrompre en catastrophe pour ne pas être en retard. Puis ils prirent la route en direction de La Teste. Dans la voiture régnait un silence pesant auquel Vincent mit un terme.

— Fais deux fois le tour du quartier avant de te poser. Tu gareras la voiture en marche arrière dans le recoin, sous le chêne, prête à décarrer. Mets les clefs dans la poche droite de ton bénard, que tu n'aies pas à les chercher si on doit se replier en catastrophe. Allez les mecs, au charbon !

La traversée du parking du bâtiment sous l'éclairage public dura moins d'une minute, mais parut interminable aux amis qui avaient l'impression d'être observés par de nombreux témoins imaginaires.

Une fois parvenus à l'arrière de l'édifice, où régnait une obscurité totale, ils se détendirent. Ils n'y voyaient strictement rien, et Vincent cherchait à tâtons la fenêtre à attaquer. Gégé utilisa sa lampe frontale pour éclairer Vincent en masquant au maximum le faisceau lumineux au creux de sa main. Vincent releva sans difficulté et sans bruit le volet roulant protégeant la fenêtre. Restait à briser la vitre. Il s'agissait d'un solide double vitrage de quatre et six millimètres. L'idée était de ne frapper qu'un coup, mais un grand. D'éviter surtout de répéter les frappes. Il savait qu'on ne s'inquiétait pas d'un bruit isolé et soudain, mais qu'on avait tendance à tendre l'oreille après l'avoir entendu. Et là, si un nouvel impact suivait, il n'échappait pas au témoin qui l'identifierait et le localiserait à coup sûr.

Il assura son gant sur la main droite, saisit fermement le manche de la massette que lui tendait Tovaritch et frappa de toutes ses forces le vitrage en fermant les yeux, par peur des projections de verre – ils n'avaient pas pensé à prendre des lunettes de protection. Au grand étonnement de Vincent, il s'ensuivit un bruit bref, aussi puissant que sourd, ne ressemblant aucunement au long tintement cristallin d'un bris de vitre ordinaire. Les amis s'immobilisèrent et, retenant leur respiration, jetèrent des regards à la ronde. À pareille heure, les bâtiments entourant celui de BMS, tous professionnels, étaient vides d'occupants, mais mieux valait être prudent. Un vigile ou un rondier pouvait toujours traîner dans les parages. La voie était libre et aucune alarme sonore ne s'était déclenchée.

Encouragé, Vincent, juché sur la palette en bois, manœuvra la poignée de la fenêtre, escalada l'appui et sauta à l'intérieur de la pièce plongée dans l'obscurité et dont il ne voyait pas le sol. Il glissa sur les bouts de verre gisant sur le carrelage et tomba lourdement. Il se releva en louant la solidité de ses gants de cuir lui ayant épargné des coupures. Rassuré par l'absence d'alarme sonore, il fit signe à ses trois amis de le suivre.

Une fois à l'intérieur et éloignés de la fenêtre fracturée, ils purent enfin utiliser leurs lampes. Il s'agissait d'une sorte de hangar industriel et de quatre pièces, dont un garage. La première pièce faisait office de bureau, et comportait tout le mobilier et l'équipement nécessaire à des tâches administratives. Sur une table gisait un fatras de documents entassés sans aucun souci d'ordre. Vincent, coutumier des perquisitions, procéda à une fouille aussi rapide que superficielle… qui n'apporta rien. Puis il passa à la pièce suivante.

Dédé, sa lampe de poche entre les dents, s'éternisait à éplucher une pile de papiers, retardant sans raison la progression de Vincent. Celui-ci le rappela vivement à l'ordre.

— Qu'est-ce que tu fous ? Avance, magne-toi, on n'a pas que ça à faire ! Faut rester groupés.

Sourd aux réprimandes, Dédé continuait sa fouille en grognant, ce qui fit sortir Vincent de ses gonds.

— Arrête immédiatement, ou je stoppe l'opération ! Allez, ça suffit !

Dédé, grogna une nouvelle fois et, de guerre lasse, abandonna sa fouille après avoir déchiré le feuillet d'un agenda Quo Vadis, qu'il plia en quatre avant de l'enfourner discrètement dans la poche arrière droite de son jean.

*

La deuxième pièce était un invraisemblable bric-à-brac d'outils divers et variés, de matériel de réparation en tout genre sur lequel ils ne s'attardèrent pas.

Mais ils se heurtèrent à une difficulté inattendue pour atteindre la troisième : l'accès était fermé par une porte doublée d'une épaisse tôle d'acier, elle-même verrouillée par une serrure multipoints à clef hexagonale. Vincent examina rapidement l'huisserie avant de livrer son diagnostic.

— Un vrai coffre-fort. Rien à espérer de cette porte... Mais comme d'habitude, cette porte digne de fort Knox a été posée sur une cloison en BA 13. On va contourner l'obstacle. C'est du gâteau : un coup de latte et la godasse passe au travers. Par contre, faut faire vite. Dédé, j'ai vu une masse dans la pièce d'à côté, va me la chercher.

Tovaritch, fort de ce que Vincent lui avait enseigné peu de temps auparavant, interrogea Vincent.

— Tu ne serais pas en train de nous faire une « mexicaine » ?

— Non, pas tout à fait. Ça c'est une « colombienne ». J'ai rien emmené. Je cherche...

Puis, à l'aide du lourd outil, il ouvrit une première brèche dans la cloison. Il y passa sa lampe à bout de bras pour inspecter l'intérieur, et fut pris d'un frisson qui n'échappa pas à ses comparses.

— Vincent, qu'est-ce qu'il y a ?

Il répondit en chuchotant malgré lui d'une voix grave.

— Deux pistolets-mitrailleurs CZ Scorpion et puis... un tas rectangulaire d'un mètre sur un mètre cinquante, peut-être quatre-vingts de haut... je sais pas ce que c'est. Il y a une bâche par-dessus. À côté, des sacs, des rouleaux de scotch très larges, des ciseaux, une grosse balance électronique...

— Allez, viens, on se barre ! lança Dédé qui reculait déjà.

— Attends un peu. Faut confirmer. J'agrandis le trou dans la cloison et je vais jeter un œil. Après, promis, on se tire.

Vincent reprit sa besogne et cinq minutes plus tard, il entrait dans la pièce et soulevait la bâche. Des paquets siglés « DIAMANTE » étaient soigneusement empilés et alignés. Bien que ne s'agissant pas d'une totale surprise, Vincent ressentit un violent pincement au cœur. Ils étaient arrivés au fond de l'affaire, au bout du chemin. L'instinct de chasse du commissaire était comblé, tandis qu'une certaine inquiétude l'envahissait. Il ressortait de la pièce par la brèche lorsqu'il entendit un bruit non identifié.

Il ordonna autoritairement aux trois autres de s'immobiliser en silence, ce qu'ils firent instantanément. Figés, tous les sens aux aguets, dans l'obscurité totale, ils entendirent distinctement deux voix d'hommes.

— Ils sont dedans, juste à côté de la came. Pas question qu'ils sortent. C'est bouclé derrière ?

— Y'a Max et Roger. S'ils sortent par-derrière, ils vont les crever.

C'est pas vrai, encore les gendarmes ? Vincent songea qu'une fois encore, ils auraient bien du mal à s'expliquer… Ils se faisaient poisser près d'un stock de cocaïne assorti d'armes automatiques. Mais malgré tout, dans cette obscurité, il fallait vite s'identifier par la voix pour prévenir tout accident. Vincent était sur le point de crier lorsqu'il entendit :

— En tout cas ils ne sortent pas vivants d'ici. Ils sont trois ou quatre, faut tous les buter. Ça doit encore être les connards du Ferret. Pas de sentiments les mecs ! Ce sont des fouille-merde, des crevures.

Ce n'étaient pas les gendarmes.

41

LE DÉBUT DE LA FIN

Vincent réagit rapidement. Il retoura illico dans la pièce forte, s'empara discrètement des Scorpion et en ressortant, en tendit un à Tovaritch. Puis il lança dans un murmure :

— Au garage, vite ! Si les véhicules ont les clefs dessus, on est sauvés. Avec le 4x4, on enfonce la porte du garage et on s'arrache. Suivez-moi !

Ils obtempérèrent sans mot dire. Vincent inspecta vainement les tableaux de bord des voitures. Ils étaient acculés et les inconnus progressaient vers eux. Il intima à ses amis.

— Cachez-vous dans le tas de pneus, le plus profondément possible, je vous couvre.

Joignant le geste à la parole, il lâcha une brève rafale dans l'obscurité en direction des assaillants, suivie d'une autre rafale plus longue, tirée à l'aveuglette. Il fallait retarder l'assaut, et la diversion sembla porter ses fruits. On n'entendait plus les assaillants progresser, il semblait même qu'ils aient battu en retraite. Les balles de 9 mm tirées par Vincent avaient probablement traversé les cloisons et semé la panique dans les rangs des malfaiteurs. Il mit ce temps à profit pour s'introduire par le haut dans une pile de gros pneus de camion. À l'intérieur de cette sorte de tube, il souleva le pneu qui était à hauteur d'yeux et engagea le canon de son arme dans l'interstice, prêt à tirer.

Il était content de lui, car il avait trouvé à se dissimuler, tout en se protégeant efficacement des tirs et en gardant la possibilité de faire feu. Mais la suite des événements l'inquiétait terriblement. Repéré, débusqué tôt ou tard, il allait devoir tirer pour se défendre et défendre ses amis. Il devait lui rester une quinzaine de cartouches dans le chargeur. Et un tir dans l'obscurité, à si faible distance, ne pouvait qu'être terriblement meurtrier. Combien d'hommes allait-il tuer ? Mais, avait-il le choix ?

Soudain, il entendit une longue rafale d'arme automatique suivie de l'odeur si caractéristique de la poudre moderne. Passé un moment de stupeur, il comprit, rassuré et presque soulagé, que c'était Tovaritch qui donnait de la voix pour se passer les nerfs. Il esquissa même un sourire.

— Toto se met en colère, à la bonne heure !

Il comprit aussi qu'ils étaient proches.

— Toto, tu m'entends ?

— Da !

— C'est pas le moment de parler russe, abruti ! Économise tes cartouches. Dédé ! Ça va ?

— On fait ce qu'on pneu !

— C'est malin ! Gégé ?

— Je me dégonfle pas, mais j'en mène pas large.

Subitement, une voix puissante sortant d'un mégaphone déchira le silence.

— Gendarmerie nationale. Rendez-vous sans résistance, vous êtes cernés. Nous allons donner l'assaut.

L'annonce fut immédiatement saluée par une rafale d'arme automatique. Depuis l'intérieur de son silo de pneus, Vincent exulta.

— Ça y est les gars ! La bande à Dubourg est prise en tenaille entre les perdreaux et nous. On est sauvés. Tenez bon !

Et il salua la nouvelle en lâchant une courte rafale à laquelle Tovaritch répondit par une autre rafale de six coups en précisant.

— Histoire qu'ils ne se sentent pas seuls... Ça entretient l'amitié. Maintenant, faudrait pas que les bourres nous allument !

— On reste dans nos planques. On fait tout à l'oreille et à la voix, sans bouger. Écoutons. Dès que les pandores les auront serrés, on appelle en restant dans nos pneus. Rien ne résiste mieux aux balles que la bande de roulement d'un vieux pneu de camion. C'est le meilleur moyen de ne pas prendre une balle perdue.

Vincent avait à peine fini d'énoncer ces recommandations que trois coups de feu séparés retentirent, suivis de quelques cris étouffés et d'un long silence. Puis, un ordre dans l'obscurité.

— Reformez la colonne d'assaut et investissez les autres pièces ! Les autres individus sont dans le garage. Balancez-leur une GLI-F4 !

Vincent comprit immédiatement. Les gendarmes s'apprêtaient à leur envoyer des grenades. Ils allaient y laisser les tympans et se faire asphyxier. Il décida de se signaler par tous moyens. Depuis l'intérieur de sa tour de pneus, il se mit à crier :

— On est là, ne tirez pas !

— Qui êtes-vous ? Déclinez vos identités.

— Commissaire Laffargue et…

— Laffargue ? Ça va, c'est pas la peine de continuer, on connaît la bande. Sortez les mains en l'air.

Les quatre amis quittèrent avec allégresse leurs cachettes de caoutchouc, dans le faisceau aveuglant des puissants projecteurs de la gendarmerie. Dédé se fendit d'un commentaire qu'il pensait flatteur pour les militaires.

— Ah, putain de moine, c'est bien la première fois que je suis content de voir débarquer les schtroumpfs !

— Messieurs, les mains sur la tête. C'est vous qui avez tiré à l'arme automatique ?

Comme d'habitude, le stress avait amenuisé les capacités de réflexion de Dédé.

— C'est Vincent et Toto. Ils ont sulfaté les bandits. Il doit y avoir de la sanquette sur les murs de l'autre côté. Qu'est-ce qu'on leur a mis aux truffes ! Pas vrai, Vincent ? Dis-le à l'ossifié.

— À l'officier, imbécile ! Effectivement, monsieur l'ossifié, on a dû se défendre en utilisant des armes que nous avions trouvées sur place. On a sauvé nos vies, mais on a également empêché les malfaiteurs de s'enfuir par l'arrière, et en cela, on a contribué à leur arrestation et on vous a prêté un concours aussi efficace qu'incontestable.

— Bien dit, Vincent. Avec ça ils devraient nous lâcher, les bourres !

— Donnez-nous vos armes. Nous allons devoir vous mettre en état d'arrestation.

— Mais c'est une manie ! s'insurgea Dédé. C'est comme un tic, faut absolument que vous persécutiez des innocents !

Vincent coupa court.

— Soit. Mais épargnez-nous les menottes. On va tout vous expliquer.

— Inutile. On sait tout, ou à peu près, trancha l'officier.

— Ça m'étonnerait.

— Vous n'avez pas été particulièrement discrets à Bricomarché… Au point d'éveiller de très forts soupçons de l'un des nôtres qui, hors service, faisait ses courses dans le même magasin. Faut dire qu'acheter un pied de biche et des gants à la nuit tombée, en braillant qu'on est pressé, ça éveille la curiosité. Sans compter votre réputation…

— Et alors ?

— Et alors, le temps de nous retourner et on vous a pris en filature depuis votre bateau. On avait compris que vous alliez essayer de nous refaire le coup du sous-marin et récupérer la cocaïne pour votre compte.

— Ah, non ! Vous n'allez pas recommencer, s'énerva Vincent.

— C'est vous qui recommencez. Vous n'allez pas nier que vous êtes venus ici pour chercher la drogue ? On vous retrouve à moins de cinq mètres de plus d'une tonne de cocaïne, armés de deux fusils d'assaut dont vous vous servez sans complexe pour tirer sur des gens et vous voulez nous faire croire quoi ? Que vous êtes l'innocence incarnée ? On vous retrouve régulièrement dans des situations aussi compromettantes qu'abracadabrantesques et à vous croire, vous n'y êtes jamais pour rien ! On en a plus que marre de vos frasques et cette fois-ci, vous allez passer à la caisse pour l'ensemble de votre œuvre.

Tovaritch se gratta la gorge avant d'intervenir.

— On a déjà entendu ça. Et les autres mecs, qu'est-ce que vous en faites ?

— Rivalité entre bandes. Il n'y a pas l'ombre d'un doute. Règlement de comptes entre trafiquants, on voit ça tous les jours.

Vincent sortit de ses gonds et bondit.

— Je vais éclaircir ça et tout de suite, ça va pas traîner. Où est Dubourg ?

— Sur une civière, dehors. Avec une balle dans la cuisse. Apparemment, c'est vous qui l'avez eu. Sur ça aussi il va falloir vous expliquer.

— J'y vais, et de ce pas !

Vincent prit les gendarmes de vitesse et se dirigea vers le brancard sur lequel gisait Dubourg. Il écarta brutalement le militaire qui effectuait un point de compression sur la plaie fémorale et s'adressa au blessé.

— On a une autorisation de perquisition de nuit. Dans une demi-heure, on va taper Nogues et on lui met le nez dans sa merde. Il est cuit, bon pour les Assises. Toi aussi, d'ailleurs. Mais tu peux encore sauver les meubles. Il te suffit de donner Nogues aux pandores. Tu collabores et on te fait bénéficier du nouveau statut de repenti. T'écoperas peut-être d'une peine de principe, ou même de rien du tout. Au passage, tu leur expliques qu'on n'est pour rien dans cette affaire à la con. Réfléchis vite, j'appelle l'officier.

— Ouais, mais avant faut me refaire le point de compression, je me vide.

— On verra ça après, quand t'auras causé aux gendarmes.

— Vous êtes un enfoiré…

— Je sais, ma mère me le dit tout le temps. Et comment t'as su qu'on était dans ton dépôt ?

— Caméra infrarouge avec transmission sur mon téléphone. Vite, le point de compression, je me sens partir.

— Je vais y réfléchir. D'abord tu causes aux perdreaux.

— Okay.

L'officier s'entretint durant plusieurs minutes à voix basse avec Dubourg, malgré l'impatience des soignants à vouloir évacuer le blessé. C'était comme un long monologue auquel l'officier opinait régulièrement. Le sort de Vincent et de ses amis dépendait entièrement de lui.

42

YEUX GRANDS FERMÉS

Soudainement le gradé se releva et donna ses ordres.

— Messieurs de la PSIG[1], transportez rapidement les gardés à vue au siège, puis vous nous rejoignez boulevard de l'Océan au Pyla. En vous attendant, on prend position. À votre arrivée, on donne l'assaut. La brigade territoriale s'occupe des premières constatations et de l'enlèvement de la cocaïne. Exécution.

Dédé commenta.

— T'as vu Vincent ? C'est pas comme chez les flics. C'est organisé, ça obéit, ça gicle, c'est efficace.

— T'aurais dû te marier avec une gendarmette. T'aurais essuyé la vaisselle, et un peu moins picolé.

Les quatre amis durent embarquer en soupirant dans le fourgon bleu. Dédé commenta la situation avec une certaine aigreur.

— Allons-y, en calèche ! Arrêt à la prévôté, terminus place de Grève. Marie-Antoinette, nous voilà, aux mains des gens d'armes. Ah ! ça ira, ça ira ! Monsieur le maréchal des jolies fesses, quand est-ce qu'on me rase la nuque, qu'on me découpe le col de la marinière ?

---

1. Peloton de surveillance et d'intervention de la gendarmerie.

Vincent lui assena une petite tape derrière la tête.

— Arrête ton char, Ben-Hur. C'est un malentendu qu'on va dissiper avec agilesse et soupleté.

— Ben moi, les malentendus, j'en ai ras la casquette. Et puis, ils se ressemblent tous, les malentendus, et chaque fois on finit au trou. Tu ne trouves pas ça étrange ? Moi, je connais des mecs qui ont plein de malentendus, mais une fois c'est avec leur plombier, une autre fois avec leur femme, et après avec leur garagiste. Nous c'est pas pareil, c'est toujours avec les pandores et à chaque fois, on part au placard. Ça devient lassant. T'es bien obligé d'admettre que ce sont des obstinés, ces gonzes, ils ont la garde à vue pavlovienne, l'incarcération bégayeuse, l'embastillement obsessionnel…

— Ferme-la !

*

Arrivés à la gendarmerie, au lieu d'être enfermés en cellule, ils furent placés sur des chaises en rang d'oignon, face à un gendarme assis derrière son bureau.

— Si vous voulez fumer, ouvrez la fenêtre et accoudez-vous, ça ira comme ça.

Vincent interrogea.

— Vous croyez qu'on va attendre longtemps ?

— L'officier a dit qu'il s'occuperait de vous dès son retour d'opération.

Moins d'une heure plus tard, une vingtaine de gendarmes précédés par l'officier entraient à grand bruit dans les locaux de la brigade. Le capitaine avait l'air particulièrement contrarié et en colère. Il s'adressa sèchement à Vincent, qui ne goûta pas le ton autoritaire.

— Venez avec moi, entrez dans mon bureau.

Lorsque les quatre amis se levèrent, il précisa :

— Non, seulement Laffargue.

Vincent prit la mouche.

— Faut pas commencer comme ça, capitaine. Moi, c'est Vincent Laffargue, monsieur Laffargue ou commissaire Laffargue. Tu rayes la mention inutile et après je t'appellerai « vous ». On s'est pas montré le zizi quand on était petits, on n'a pas été aux putes ensemble, alors tu baisses d'une octave. Je suis fonctionnaire d'autorité comme toi t'es officier, on commence par se respecter. Maintenant, si tu veux qu'on se la joue façon voyou, t'annonces clairement la couleur. On se cause plus, j'exerce mon droit au silence, je signe rien, je me mets un pet sur la tronche sur un coin de meuble et je dépose plainte contre toi pour violences. Pigé ?

— Ça va, ça va, commencez pas à me compliquer la vie ! La situation est assez merdique comme ça ! J'en ai plus qu'assez de cette affaire. Tiens, exemple. Nogues… disparu, volatilisé, il s'est fait la malle.

— Sans blague ! Il doit pas être loin, il va vite réapparaître.

— Ça m'étonnerait. Il s'est tiré avec une valise, des vêtements, un pistolet automatique dont il a laissé la boîte sur son lit. En plus de ça, il a vidé son coffre-fort qu'il a laissé grand ouvert. Ça vous parle ?

— Il est parti avec sa bagnole ?

— Bien sûr.

Interrompu par la sonnerie de son téléphone, il n'eut pas le temps de développer. Son interlocuteur lui exposa une situation avant de lui basculer un correspondant. Son visage se ferma, et une forte agitation pouvait maintenant se lire dans ses yeux. Il écoutait attentivement en fixant Vincent, comme s'il le prenait à témoin. Il hochait régulièrement la tête, multipliant les gestes compulsifs témoignant d'une grande tension nerveuse.

L'inquiétude gagna Vincent.

L'officier raccrocha. Puis, restant la main sur le combiné, immobile, comme frappé de stupeur, il soupira interminablement. Vincent n'y tenait plus.

— Qu'y a-t-il ?

— Mademoiselle Mélissa Laborde…

Le sang de Vincent se glaça. Il s'entendit demander d'une voix étrangère.

— Quoi donc ?

Il s'était levé sans même s'en rendre compte et répétait.

— Qu'est ce qui se passe ?

— Elle a été enlevée. Au Ferret. Un homme s'est présenté avec une arme et a demandé qui était l'amie du commissaire Laffargue. Il semble, d'après les témoins, que mademoiselle Laborde se soit désignée et l'auteur est parti avec elle.

— Un homme de soixante-cinq ans conduisant un cabriolet Mercedes blanc à capote couleur bordeaux, c'est ça ?

— Tout à fait.

— Dis-moi, capitaine, sur ce coup, il faut que tu me laisses la main.

— Et à la sortie, ça donne quoi ? Combien de morts, d'incendies, d'explosions ?

— Rien de tout ça. Laisse-nous partir, mes copains et moi. Nous sommes les seuls à pouvoir récupérer Mélissa en douceur, sans casse. Au prix de quelques illégalités que tu ne peux pas te permettre, certes, mais sans haine ni violences.

— J'imagine... Comme dit votre camarade de jeu: « avec agilesse et soupleté ». J'imagine, mais je ne veux pas voir ça de près. Vous n'êtes pas en garde à vue, personne n'a encore été informé de votre conduite dans nos locaux, ni la hiérarchie, ni la justice. Si toi et tes potes vous vous levez et vous vous barrez d'ici, ça ne posera pas de problème et j'aurai rien à dire. Tu piges?

— T'es un super capitaine, un capitaine de course. Il ne te manque que les jantes larges et les antibrouillard. Un de tes bonshommes peut nous ramener à notre voiture à La Teste?

— Justement, il y a un équipage qui y va. Demandeleur. Moi, je ne suis au courant de rien. Je te connais pas. Je t'ai même jamais vu.

— Avant de partir, donne-moi le numéro de téléphone de Nogues.

Le capitaine accepta.

— Et tu pourrais pas me prêter un soufflant? Je suis tout nu.

— Quoi? Faut pas pousser, mon vieux! Tu ne voudrais quand même pas aller dessouder des gars avec un SIG de la gendarmerie nationale! Toi, on peut dire que tu manques pas d'air. Tu devrais être au trou et t'as le culot de me demander un calibre... T'es infernal! Casse-toi, ça vaut mieux.

*

Sur le chemin les ramenant à La Teste, Vincent s'enferma dans un drôle de mutisme. D'apparence placide, son visage reflétait pourtant une terrible violence contenue et ses rares regards étaient d'une telle méchanceté qu'ils inquiétaient ses amis. En quittant le fourgon de gendarmerie pour réintégrer la voiture, il ouvrit enfin la bouche pour s'adresser à Tovaritch.

— Sept heures du mat. T'as du blé ?

— Oui, pourquoi ?

— On va petit déjeuner, on achète un sac à dos de jeune, et après on file boulevard Deganne, faut y être à huit heures et demie.

— Tu peux expliquer ?

— On va faire la rentrée des classes du collège Saint-Elme.

43

RIPOSTE

Le silence s'abattit sur le petit groupe. Vincent le rompit :

— C'est un collège catholique fréquenté par la bourgeoisie locale. Et en classe de cinquième, il y a un gosse qui m'intéresse.

Andreï fit doucement :

— Excuse-nous Vincent, mais on ne te suit pas.

— Adrien Nogues, douze ans, petit-fils de l'enfoiré que vous savez, scolarisé en classe de cinquième. Unique petit-enfant de Pierre Nogues, sa perle, la prunelle de ses yeux, sa raison de vivre.

— Et alors ?

— On va l'enlever. Tu vas voir que le vioque, il va changer de gueule.

— Vincent, on peut pas faire ça. T'es fou !

— Très bien, alors je le ferai sans vous. Fallait pas faire ce qu'il a fait. Il a voulu jouer… il va perdre. Il va morfler, il va regretter. Je vais lui faire endurer les pires supplices, lui arracher les yeux avec une fourchette à escargot rouillée et trempée dans le piment, lui faire boire de l'acide chlorhydrique, le couler dans une dalle de béton… pauvre Mélissa…

Dédé trouva opportun de donner son avis.

— Comme tu dis, Vincent. Comme professe le sage : « On ne met pas le doigt dans le trou du… »

— Je sais, je sais. Tu radotes.

*

À l'heure dite, Vincent se présenta devant le portail du collège et s'adressa au surveillant chargé de contrôler l'entrée des élèves.

— Bonjour monsieur. Je suis un collègue de travail de la mère du petit Adrien Nogues. Le petit a oublié son sac à dos et sa mère m'a demandé de lui porter. Mais je ne connais pas cet enfant, alors si vous pouviez me le désigner…

— Ne vous en faites pas, remettez-moi le sac, je lui donnerai.

— Je préfère lui donner moi-même.

— Tenez, le voilà ! Adrien, c'est pour toi.

— Ah, zut, j'ai laissé le sac dans la voiture. Adrien, viens avec moi.

Vincent prit fermement l'enfant par le bras et se dirigea en trottinant vers la voiture toute proche.

— Hé, attendez !

Le surveillant, voyant la Porsche Cayenne occupée par quatre individus démarrer sur les chapeaux de roues, comprit trop tard. Il allait alerter la direction de l'établissement qui préviendra la gendarmerie. Le capitaine comprendrait mais feindrait peut-être de ne pas faire le rapprochement.

— Adrien, ne t'inquiète surtout pas. Il ne t'arrivera rien. Tu vas seulement manquer l'école. On a un petit problème à régler avec ton papi et tu vas nous aider, c'est tout. T'es d'accord ?

— Je sais pas…

— T'as raison. Si t'as rien à gagner dans cette histoire, t'as aucune raison d'être d'accord. Bon, tu veux quoi en échange de ta collaboration ?

— Une mini moto à moteur thermique. En ce moment y'en a à quatre cents euros chez Moto-Sport, boulevard de la Plage. Il me faudrait le casque et les gants avec. Parce que mon copain Benjamin il est tombé avec sa moto, il n'avait pas de gants et il s'est râpé les mains.

— Okay pour la mini moto.

— Ça marche, confirma l'enfant en sortant un téléphone de sa poche devant un Vincent interloqué.

— Qu'est-ce que tu fais ?

— Je téléphone à Moto-Sport pour réserver la rouge, ils n'en ont qu'une de cette couleur.

— Tu commences à me plaire toi. Mais il faut quand même que tu te rendes compte que sur ce coup, c'est un peu moi qui dirige les opérations. Qui commande, quoi. Est-ce que tu comprends ?

— J'avais pigé. Vous m'avez enlevé. Mais si vous voulez me payer une moto, je me dis que c'est pas trop mal parti.

— T'aurais vingt-cinq ans et du poil aux pattes, je te tirerais une beigne. Bon, soyons sérieux. Je t'explique la situation : ton papi me fait des misères et on commence à en avoir assez de lui.

— Pas étonnant, il est fâché avec tout le monde.

— Il a enlevé ma femme pour s'en servir de bouclier et pour qu'on le laisse faire ce qu'il veut. On va donc lui faire croire qu'on t'a enlevé et qu'on va te faire des misères s'il nous rend pas ma femme, tu comprends ?

— Oui, je suis pas débile. Mais papi, vous l'aurez pas, il est costaud. À mon avis, vous n'allez pas gagner comme ça, tout seul. Vous devriez téléphoner à mes parents pour qu'ils vous aident.

— Qu'est-ce que tu racontes ?

— Entre eux, c'est la guerre. Même que Papi a mis mes parents au tribunal pour obtenir un droit de garde sur moi. On a eu la visite d'une assistante sociale. Papa a pris un avocat et il est convoqué par le juge pour enfants. Ça chauffe. Vous pouvez les appeler pour leur demander.

— Appelle ton père et passe-le moi.

— Non, pas question.

— Pourquoi ?

— Parce que tu vas me niquer mon forfait d'une heure. Je te donne son numéro et tu te débrouilles.

— Adrien, tu commences à m'emmerder. Vas-y donne moi ce numéro.

Vincent était embarrassé par la tournure prise par les événements. L'enlèvement du petit Adrien tournait au ridicule et il allait devoir le ramener à l'école ou chez ses parents. Il appela le père et engagea la conversation. Nogues fils ne portait vraiment pas son père dans son cœur.

— C'est un voyou, un très gros voyou, il a été plusieurs fois en prison.

— Je sais tout ça et je veux lui mettre la main au collet au plus vite.

— Je l'ai vu, il y a cinq minutes à peine.

— Comment ça ?

— Je suis en voiture et je vais au boulot à Bordeaux. Tout à l'heure, il roulait devant moi à la sortie d'Arcachon sur la voie directe.

— Avec sa Mercedes ?

— Oui. Et avec une passagère. Probablement une pute. Il a tourné à droite au niveau de La Teste.

— Il se dirigeait vers la zone industrielle ?

— Non. Vers l'aérodrome Villemarie.

— Et d'après vous, qu'est-ce qu'il est allé faire là-bas ?

— Faire un tour en avion. Certainement pour épater la gonzesse avec qui il était. À son âge, pour emballer, mieux vaut avoir du blé.

— Il pilote ?

— Il pilote et il a son avion, le monsieur…

— Je savais pas.

— Il est breveté IFR, et il s'est payé un Bonanza 36. Il multiplie les allers-retours au Maroc.

— Une addiction au couscous, ou bien une passion pour la logistique ?

— La question n'est pas tranchée.

— Mais aujourd'hui, il est en fuite !

— Ben alors, ne cherchez pas, il a joué la fille de l'air. Avec son coucou, il a un sacré rayon d'action. Il s'est barré avec sa morue.

— Dites pas ça ! La morue, comme vous dites, c'est ma femme. Et elle attend un enfant de moi.

— Oh, excusez-moi. Il l'a prise en otage ?

Vincent coupa court.

— Je vous rappelle.

Puis, d'autorité, il prit le volant de la Porsche.

— Je prends le manche. Attachez vos ceintures, on va décoller.

44

CAYENNE VERSUS BONANZA

Vincent fit monter le moteur de la voiture dans les tours en laissant les quatre cents chevaux se déchaîner. La D 652, parfaitement rectiligne, fut avalée à 240 km/h et l'aérodrome Villemarie apparut quelques minutes plus tard.

En bout de la piste de 1 400 m, un monomoteur bleu faisait un point fixe dans l'attente probable de l'autorisation de décoller.

— C'est l'avion de papi, s'exclama Adrien ! C'est son numéro d'immatriculation, ça commence par CN.

Vincent se tourna vers Andreï,

— Désolé pour ta carrosserie…

— T'inquiète pas, fais au mieux.

Vincent appuya le nez de la Porsche contre le grillage de la clôture et accéléra. La puissante voiture commença par patiner sur l'herbe humide, puis le grillage se plia progressivement jusqu'à se coucher au sol.

— C'est bon, exulta Vincent, on le tient, il est fait aux pattes !

Il engagea à toute vitesse la Porsche sur la piste d'aviation, exactement dans l'axe de l'avion.

— Déconne pas, on va lui rentrer dedans ! lança Dédé.

Vincent ne répondit pas et continua sans la moindre hésitation. Il arrêta la voiture à moins de deux mètres de l'hélice du Bonanza, et ordonna au petit Adrien :

— Appelle papi avec ton téléphone et passe-moi l'appareil.

Nogues ne tarda pas à répondre. Son trouble était manifeste.

— Adrien, qu'est-ce qu'il y'a mon petit ?

— Vincent Laffargue à l'appareil. L'homme de Mélissa. Tu commences à piger ?

— …

— Je vais te montrer ton mouflet. Je vais te l'approcher de l'hélice. T'auras plus qu'à avancer pour en faire des copeaux, des rondelles, du hachis. Après la branlée qu'on lui a foutue, il va se faire mettre en charpie par son grand-père. Mais avant qu'il crève, je veux qu'il sache que c'est de ta faute, je veux qu'il voie ta sale gueule. Je te l'amène. Il va te regarder dans les yeux une dernière fois, et je vais le pousser sous ta putain d'hélice et sa dernière pensée, sa dernière vision d'enfant sera pour son bourreau de grand-père, tu piges ?

Conservant le téléphone à l'oreille, Vincent attrapa le jeune Adrien par le col de la veste et l'extirpa vivement de la voiture en lui chuchotant :

— T'en fais pas, c'est juste pour déconner.

Puis, théâtralement, il poussa l'enfant devant lui en direction de l'hélice de l'avion. Le téléphone aboya.

— Arrête ! Qu'est-ce que tu veux ?

En même temps, le moteur de l'avion se tut et dans une sorte de hoquet, l'hélice s'arrêta. Le silence qui s'ensuivit sembla assourdissant.

— Mélissa. Rien que Mélissa. Tu la laisses descendre de l'avion et je ramène le môme à son collège. Y'a pas de marche arrière sur ton coucou, t'es coincé. Tu laisses descendre Mélissa et je recule la voiture ; tu peux te barrer où tu veux avec ton avion de merde, je m'en fous. Si tu ne le fais pas, je défonce ton zinc avec la voiture, je te sors de la carlingue, je te fais une tête de Mickey sur mesure avec des oreilles de cocker assorties, et je te livre aux gendarmes après t'avoir pété les genoux, les deux bras et tous les chicots. Les dix ans de cabane, tu les feras en fauteuil roulant en bouffant de la purée. T'as une seconde devant toi. La vie est un choix permanent, connard ! Une seconde pour choisir ton avenir, pas deux.

Pour toute réponse, Nogues se pencha vers Mélissa et entrouvrit la portière de son côté en lui disant quelque chose que Vincent ne put entendre. Elle sauta sur la piste et se dirigea en courant vers Vincent pour lui sauter au cou. Pour garder une vue satisfaisante sur l'intérieur du cockpit de l'avion et les gestes de Nogues, Vincent fut contraint de la repousser brutalement. Surprise et meurtrie l'espace d'une ou deux secondes, elle comprit.

— Assieds-toi à l'arrière de la voiture, vite !

Puis, se sachant à la merci d'un tir, il tint Adrien devant lui, se mit à reculer, rejoignit le siège conducteur de la Porsche dont le moteur tournait encore et enclencha la marche arrière. La voiture parcourut une centaine de mètres à vive allure avant que Vincent tourne brièvement le volant avec un coup de frein à main. La Porsche effectua un tête-à-queue pour repartir aussi vite en marche avant. Elle franchit à nouveau la clôture aplatie, tourna sur la gauche et, dans un vrombissement hystérique, reprit à plus de 200 km/h la D 652 en direction d'Arcachon.

C'est seulement alors que Vincent commença à se détendre. Il interrogea Tovaritch.

— Durée totale de l'opération ?

— Sur l'aérodrome ? Quatre minutes entre l'entrée et la sortie par la clôture. À la tour de contrôle, je crois qu'ils n'ont rien compris.

— Le secret de la réussite, c'est la vitesse d'exécution. Créer de la sidération, empêcher la réflexion. Il faut que les témoins réalisent avec lenteur ce que tu fais très vite. Ils doivent prendre constamment du retard sur le déroulement du film, sinon tu perds la maîtrise. S'ils prennent l'initiative, c'est foutu. Comme pour un braquage.

— On ramène le gosse au collège ?

— Jamais de la vie.

— Pauvre gosse ! Ça te dérangerait de nous dire ce qu'on fait de lui et où on va ?

— Boulevard de la Plage. Chez Moto-Sport.

— Regarde l'avion, il a décollé. Il met cap au sud.

Mélissa précisa.

— Il a fait le plein du réservoir principal et du réservoir supplémentaire. Il m'a dit qu'après le décollage, il voulait survoler notre maison au Ferret et...

Elle éclata en sanglots avant de se reprendre :

— Et me balancer par-dessus bord pour que je m'écrase sous vos yeux. Il disait ça en rigolant. C'est un monstre. Pourquoi l'as-tu laissé partir ?

— Une fois à l'étranger, il devient inoffensif pour nous. Sur place, il pouvait continuer à nous faire des crasses, nous pourrir la vie. Il est du genre rancunier.

— Et en prison ?

— D'exil on ne revient pas. De prison, on peut toujours sortir. Un vice de procédure, un mandat de dépôt non renouvelé par omission, une remise de peine, une semi-liberté, une expertise médicale et un jour, il sort sans que t'en saches rien. Et là notre maison brûle en pleine nuit, je me fais écraser sur un passage piétons par une voiture inconnue qui prend la fuite, *Anastasia* explose au milieu du Bassin... Ce qui est important, c'est nous. La justice des hommes est aléatoire, c'est l'écume des jours. Adrien, c'est bien la rouge que tu veux ?

— Avec le casque et les gants assortis, je t'ai dit. On ne s'ennuie pas avec vous ! J'ai loupé mon cours de SVT mais comme je déteste les SVT, c'est bonnard. Papa et maman, ils n'auront plus de souci à se faire pour le procès avec papi.

— Si je comprends bien, t'es pas traumatisé ?

— Quand même un peu. À côté de Moto-Sport, il y a un marchand de bonbons et de glaces. Ça me passera le stress.

— Qu'est-ce qu'ils disent de toi, tes copains de classe ?

— Que je suis un marchand de tapis. Y'en a même un qui m'a dit : « Si on te filait une boutique dans le quartier des Grands-Hommes à Bordeaux, tu ferais fortune en vendant les crottes de chien du quartier emballées dans les pages d'un journal gratuit. »

— Ça t'a fâché ?

— Pas du tout. Je lui ai même refourgué mon stylo « Star Wars » qui marchait plus au prix d'un neuf et il était content.

— Avant d'acheter ta pétrolette, il faut que je demande l'autorisation à papa. Faut qu'il soit d'accord. Et tu ne rouleras pas sur la route, uniquement dans le jardin et les chemins forestiers. Et jamais tout seul. C'est compris ?

— Tu te mets à être lourd, toi aussi ?

45

DÉDÉ ET LA FIÈVRE DE BERCY

Après avoir ramené Adrien chez lui, fièrement accompagné de sa mini moto, les amis rejoignirent à petite vitesse le cap Ferret. La station de radio Nostalgie de la voiture était prétexte à reprendre en chœur quelques vieilles chansons démodées. Dédé s'illustra particulièrement en interprétant « Laisse les gondoles à Denise » suivie de « Ce soir, je serai la poubelle pour aller danser ».

Ils réintégrèrent leur repère avec une joie enfantine et l'intention de retarder le plus possible le moment de se séparer pour aller dormir. Après dîner, un Dédé particulièrement exalté entonna quelques chansons paillardes, dont les paroles faisaient allusion aux frasques d'un ecclésiastique breton. Après les turpitudes du curé de Camaret et grisé par le succès rencontré notamment auprès des deux Russes, il continua avec *La petite Huguette* avant que Mélissa ne s'installe au piano et lui suggère la plus prude *Colchiques dans les prés* qui ne l'enthousiasma guère.

Cramoisi, Il rejoignit sa chaise en soupirant. Puis, il s'accouda à la table en se prenant la tête dans les mains.

— Je suis fatigué, je crois que j'ai attrapé la fièvre de Bercy.

Tatiana, interdite, lança un regard interrogatif à Vincent.

— Il est malade ? C'est grave ce qu'il a ?

— Pour l'instant, pas trop. Le risque, c'est que ça devienne chronique. C'est pas exactement comme les maladies modernes qu'on peut attraper avec les moustiques à rayures ou en mangeant des testicules d'ornithorynque à la béchamel… Par le passé, Bercy était une commune de la périphérie de Paris, en bord de seine. Maintenant c'est un quartier de la capitale. Au XIXe siècle, le quai de Bercy était le haut lieu de négoce du vin et des alcools de la région parisienne. Ils arrivaient là le plus souvent en péniche par les canaux et la Seine. C'était le site de la célèbre halle aux vins de Bercy, mais surtout un endroit à la mode et très connu pour la bamboche et la java. Les fêtards venaient s'y enivrer et goûter aux plaisirs les plus divers. C'était le lieu d'innombrables fêtes mélangeant les personnes et les genres où se déroulaient des joutes nautiques sur la Seine et même des courses de rouleurs de tonneaux. C'était le Paludate parisien. Les gens qui revenaient de Bercy étaient généralement mal en point, titubants, braillards ou ivres morts. À leur comportement, on devinait d'où ils venaient. C'est de là que vient le nom poétique de la fameuse maladie qui n'a rien de bactérien, microbien ou viral.

— Donc, pas de risque de contagion ?

— N'embrasse quand même pas Dédé sur la bouche, tu risques avoir la tête qui tourne.

Dédé, qui n'en avait pas perdu une miette, rabroua Vincent.

— Tartuffe, ça te va bien de faire des exposés historico-littéraires avec l'air de pas y toucher ! Et qui c'est qu'a failli vomir dans le cockpit de *Méa* y'a quelques mois de ça ?

— C'était le mal de mer !

— C'est ça, le mal de mer et un œuf mimosa pas frais, peut-être. Tu parles Charles ! Rond comme une queue de pelle, noir comme un téléphone, plein comme un œuf, gazé comme un renard pris au terrier qu'il était, le bonhomme. Il s'est pris un coup de pied de barrique phénoménal. Il faisait des vers en yougoslave, il vitupérait en mandarin, il éructait en hébreu, le commissaire Glenfiddich. T'aurais vu sa tronche ! Cyanosé et turgescent.

— C'était quand on s'est séparés avec Sylvie.

— Peut-être. Mais alors ne me charrie pas quand je me réhydrate délicatement la muqueuse labiale.

— Tu sais que demain, on sort du Bassin et qu'on passe la nuit au large. Si tu tasses trop ce soir, demain tu seras mal, et pour peu que ça bouge dans les passes, tu vas regretter.

— Demain, on sort. Demain… c'est le 20 septembre. On sera à deux jours de l'équinoxe. La météo est souvent très perturbée aux abords de l'équinoxe. 20 septembre, vingt, zéro neuf, vingt.

Puis, songeur, Dédé se leva de son fauteuil et entreprit de fouiller soigneusement les poches de son pantalon. Il finit par extraire de son jean un papier qu'il déplia consciencieusement avant d'ânonner :

— « Biganos Dix zéro neuf vingt. Dix sept UTC et Vingt zéro neuf dix huit UTC. » Ça vous parle ?

Vincent soupira profondément avant de répondre.

— Encore une de tes blagues de bidasse ?

Dédé ne se démonta pas.

— J'ai peut-être pas fait les grandes écoles et je sais que c'est pas mon certif' obtenu avec les félicitations de mon instituteur qui va vous impressionner, mais quand même… Il y a comme un truc qui me chiffonne. Ce serait pas une date ? Dix zéro neuf vingt, ce serait le 10 septembre 2020, le jour de mon accident. Je m'en souviens parce que c'était écrit sur mon bracelet d'hôpital. Et 17 UTC ça donne 17 heures en temps universel, soit 19 heures à Arcachon en heure civile. C'est l'heure à laquelle les gars du sous-marin nous ont attaqués, *Marie-Thérèse* et moi.

— Où veux-tu en venir avec ton délire ?

Dédé se mit à brandir son papier.

— Je veux en venir que tout ça, c'est écrit sur ce papelard, que ce papelard je l'ai piqué sur le bureau de l'entrepôt où y'avait la came, et que sur ce papelard… y'a pas écrit que ça !

— Ça t'ennuierait de faire plus concis ?

— Concis toi-même. La mention qui suit, c'est 20-09-20 18 UTC. Ça veut dire que demain, lundi 20 septembre 2020 à 20 heures locales, va certainement se pointer un deuxième sous-marin…

L'affirmation de Dédé provoqua un silence interminable.

Les amis recommencèrent à se regarder, mais ils restaient sans voix pendant que Dédé souriait, visiblement fier de lui. Finalement, Vincent commença à réagir.

— C'est pas possible ! Passe-moi ce papier.

Il examina longuement le document avant de conclure.

— T'as raison. Y'a pas de doute. C'est ça. Sauf qu'avec le bazar qu'il y a eu avec le premier sous-marin, le second a dû être annulé. Demain, il ne se passera rien.

— Pas si sûr. Lorsque le premier est arrivé ici, le second devait déjà être parti d'Amérique. Et comme il avait récupéré la came, Nogues n'avait aucune raison de donner l'alerte. Quand ça s'est mis à sentir le roussi, c'était trop tard pour carillonner, pas vrai ?

— T'as pas tort, Dédé, t'as pas tort. C'est rare que tu phosphores.

— Peut-être, mais quand je le fais, je le fais bien, moi. Je réserve mon potentiel intellectuel et mes fulgurances aux grandes occasions. Je ne me dilue pas en pensées mornes et inutiles distillées comme des flatulences subreptices au fil d'un quotidien lénifiant et insipide.

Tovaritch s'inquiéta.

— Qu'est-ce qu'il a dit ?

— Rien… laisse tomber.

Dédé dévoila son plan.

— Demain soir, 20 heures locales, on est sur l'eau. On s'embusque avec *Anastasia* dans le chenal du Teychan, soit à l'ancre, soit en dérive, et on attend de les voir arriver et là… vous allez voir ce que vous allez voir !

— Quoi donc ?

— Un feu d'artifice. Demain matin, je vais chez moi à La Teste. Dans mon garage, je vais leur préparer les réjouissances. Cinq pétards au nitrate-fuel, cinq autres au carbure de calcium et j'amène le douze de mon beau-père avec les chevrotines et les balles à ailettes pour sangliers.

Puis il marqua un silence en dodelinant doucement de la tête avant d'asséner sur un ton docte :

— Et si on fait pas un cas des Incas, on va faire des steaks d'Aztèques. Il va y avoir des plumes d'Indiens à la surface du Bassin. Les badauds vont se croire le quatorze Juillet. Si dans la pampa argentine écrasée de soleil et dans les favelas de Rio ils ne connaissaient pas Dédé, ils vont vite rattraper le temps perdu et découvrir que Simon Bolivar, Che Guevara et Fidel Castro n'étaient que des comiques troupiers, des pétomanes, des corneculs de sous-préfecture.

Vincent coupa court

— Modère tes ardeurs, Dédé. On va informer les gendarmes de ton renseignement particulièrement intéressant et judicieux et on laisse complètement tomber cette affaire qui nous a coûté assez cher. Demain, on part tous ensemble avec *Anastasia* pour une sortie récréative en haute mer. Et en guise d'explosifs, tu vas préparer ton matériel de pêche et des médocs contre le mal de tronche.

— T'as peut-être raison. En plus, c'est la saison du maigre. À quelle heure on décarre ?

— Si on veut prendre les passes à la pleine, faut quitter le port à 10 heures. Et avant, il faut avitailler. On est livrés à 8 h 30, mais il faut tout ranger, faire les pleins. Qu'est-ce que tu crois ?

— T'as raison, je vais me coucher. J'en suis même à me demander si j'ai pas exagéré sur le liquide. Tu diras aux filles de venir me faire la bise au lit et de m'éteindre la lumière.

46

LARGUEZ LES AMARRES !

Les amis allèrent se coucher, heureux à l'idée de leur aventure commune. Ils étaient tous convaincus qu'en s'éloignant de la terre ferme, ils mettraient une bonne distance avec les ennuis récents, voire essayer de les oublier. Ils vivraient le huis clos d'une navigation au large, sa discipline si particulière, le dépaysement total de ne voir aucune terre, aucun arbre, aucune maison. Ils découvriraient un monde où le lever du jour est une fête et où le crépuscule humide et silencieux suscite toujours une anxiété animale.

Tovaritch, s'il connaissait bien *Anastasia*, n'avait aucune expérience de la haute mer. Il était ravi et impatient d'apprendre de Vincent, dont l'expérience en matière de navigation hauturière était incontestée.

*

Le lendemain matin, l'excitation était à son comble. Vincent et Andreï durent faire plusieurs rappels à l'ordre pour s'assurer que rien d'essentiel ne soit oublié.

— Au lieu de rigoler, vérifiez vos sacs ! Là où nous allons, on peut pas acheter de brosse à dents, ni de lampe frontale, et c'est pareil pour les fringues. Si les filles ne veulent pas revenir avec un slip kangourou de Dédé en guise de rechange, on va être obligés de prendre deux voitures. Allez, c'est parti !

Il peut être, par moments, difficile de concilier l'agrément d'une croisière entre amis avec les impératifs les plus élémentaires de la sécurité maritime. Ce fut l'occasion pour Vincent de le vérifier une nouvelle fois.

— Tatiana ! T'as essayé ton gilet ? Où est-il ? Normalement, il doit être au pied de ta couchette. L'as-tu réglé ? C'est un pressio-statique, mais as-tu repéré sa tirette de déclenchement manuel ? Oui, la tirette orange. T'as vérifié ton brassard flash-light d'homme à la mer ? Mélissa ! Je ne veux pas te voir pieds nus. Tu ne connais pas assez le bateau et tu n'es pas assez amarinée pour te trimballer comme ça.

Anastasia s'éloigna du quai aussi silencieusement que lentement, avec cette grâce fière et vaguement snob propre aux bateaux qui se savent bien nés et sentent sur eux les regards des terriens admiratifs.

Tovaritch, qui barrait, interrogea Vincent.

— Tu ne crois pas qu'on est en avance sur la marée ?

— Quel horaire de marée ?

— Celui de l'annuaire, rade d'Eyrac.

— La pleine mer aux passes est en avance sur la rade d'Eyrac, et il nous faut encore rejoindre les passes. Calcule.

— Punaise ! Faudrait pas qu'on soit en retard !

— Ça commence à rentrer…

À l'approche des passes, Vincent dut à nouveau faire preuve d'autorité.

— Depuis quelques années, il est obligatoire de revêtir le gilet lors du franchissement des passes. Allons-y. Mesdames, s'il vous plaît… le gilet ! Sur le maillot de bain, c'est très sexy. C'est réglementaire et très suggestif. Et puis, s'il vous plaît, vous vous assiérez. La mer est belle, mais sur une vague erratique, Madame *Anastasia* peut faire un bond inopiné. Donc on s'assied dix minutes en attendant la haute mer.

Devant les passes ourlées de hautes vagues paresseuses, Tovaritch se mit à douter.

— Vincent, tu veux pas prendre la barre ?

— Toto, te laisse pas impressionner. Ça brise, ça mousse à droite et à gauche, mais devant… t'as quoi ? Trois vagues un peu abruptes et après le seuil, c'est le miroir. T'es bien comme ça, à sept nœuds. T'es propulsif, tu contrôles. Plus vite, tu taperais dans la vague, moins vite, tu te ferais balader par les courants et les remous. T'as tout bon, Toto… Dédé ! Sors une roteuse du frigo, charge une flûte – pas une coupe, ça bouge trop, une flûte – et file-la à Toto. Il va se faire le baptême des passes d'Arcachon aux commandes d'*Anastasia* avec un Roederer millésimé à la main gauche et Sophie, revêtue de son seul gilet de sauvetage qui va lui masser la nuque pendant qu'il essaie de barrer de la main droite. Si après ça, il repart en Russie, moi je me mets à l'eau de source, à la philatélie et à l'ophicléide.

Anastasia franchit le seuil des passes avec une facilité qui ressemblait à du mépris. Vincent n'aimait pas du tout ce côté hautain, presque présomptueux. Il savait qu'il ne faut jamais offenser les éléments. *Anastasia* lui paraissait bien précieuse et guindée sur l'océan sillonné par des bateaux de travail en acier, trapus et rustiques, traînant avec peine leur coque repissant la rouille et vibrant d'un moteur à l'haleine chargée de vapeurs de gasoil et de fumées opaques. Ces navires épuisés tractaient avec acharnement leurs lourds chaluts, grondant sous l'effort telles des bêtes de somme abruties de fatigue. Il se sentit un peu gêné et préféra s'occuper de la navigation.

— Toto, t'as la bouée d'atterrissage sur ta gauche. Choisis ton cap compas et ta vitesse. Note l'heure et tout le reste sur ton livre de bord. J'éteins l'électronique jusqu'à demain, et tu dois nous ramener à la maison.

— Quoi ? Mais je ne sais pas comment faire ça !

— Je t'aiderai à porter la route sur la carte, ainsi que les dérives dues au vent et au courant. Pour l'instant, j'ai faim.

Dédé confirma.

— Moi aussi, je commence à sérieusement claquer du bec. Je sens venir la crise d'hypoglycémie.

— Je peux préparer le repas, proposa Mélissa.

Vincent hésita avant de répondre.

— La mer est plate, tu peux préparer des choses solides et froides, mais tu les mets dans les deux bacs d'évier et tu les distribueras une à une, individuellement. N'utilise pas la cuisinière pour chauffer des plats liquides, c'est trop dangereux. Malgré le cardan du réchaud qui accompagne les mouvements du bateau, tu peux te faire surprendre et recevoir le contenu bouillant d'une casserole sur les jambes. On va manger froid et sur le pouce. Ce soir, lorsque nous serons en dérive, celui qui préparera le repas mettra le long tablier en plastique de Toto, un pantalon et des chaussures fermées. Ou même des bottes.

— Oui chef !

Mélissa l'embrassa dans le cou.

— Ça ne m'amuse pas de jouer au chef, comme tu dis, mais il faut réaliser qu'on est seuls au monde, sans pouvoir être secourus rapidement. Et que ferait-on en haute mer en présence d'une brûlure d'une grande surface ? Faudrait attendre l'étale de marée haute pour rentrer. Et si l'état de la mer nous interdisait l'accès aux passes d'Arcachon ? A-t-on des antalgiques et de la Biafine à bord ? En navigation, il faut absolument tout faire pour ne pas se blesser. Nous allons en mer pour le plaisir, pour nous amuser, pas pour nous blesser ni souffrir. Et hors de question d'appeler les secours pour une simple imprudence.

— Chef oui chef !

— Je sais que je t'agace. Mais imagine-toi de nuit, par une forte tempête et une mer déchaînée, lorsque tu n'as pas dormi depuis trois jours, que tu as faim, que tu trembles de froid et que t'as une envie pressante alors que ça remue trop, que c'est trop dangereux de se déplacer…

— Tu fais comment ?

— Dans le pire des cas ? Tu pisses dans tes vêtements… c'est plus prudent. Ça te réchauffe et ça soulage, tu te sens tout de suite mieux.

— C'est romantique…

— On appelle ça de la plaisance, c'est trompeur, je te le concède.

— Ben alors… pourquoi t'as un voilier de course-croisière ?

— Là, je reconnais qu'on est dans l'irrationnel. Tu navigues seul, avec pour compagnon les bruits du vent, de l'étrave, des drisses. Et puis au matin, dans l'aube naissante, comme tu fais cap à l'est, face au soleil, tu vois se détacher le profil d'une côte, à contre-jour, comme une ombre chinoise. Puis en t'approchant, tu vois d'abord les immeubles les plus hauts, un château d'eau, puis les arbres, les voitures... et enfin les hommes, tout petits, comme des fourmis. Tu prends tes jumelles, tu observes et tu t'appropries lentement cette *terra incognita*. Ça prend des heures. Puis enfin, une forêt de mâts ; le port ! Tu as faim, tu as soif, tu as sommeil et pourtant tu es excité comme un pou, comme un acarien au salon international de la moquette de Dortmund. Viennent les sons, les bruits. Le sifflet d'une locomotive, la sirène d'une usine, les klaxons des voitures. Tu finis par prendre une place au port, un homme s'avance sans rien dire pour t'aider à passer les amarres. Il ne parle pas ta langue, il n'a pas la même heure que toi à sa montre. Il te regarde avec envie et respect. Il remarque l'énorme queue d'un thon que tu as pendue dans les haubans pour qu'elle sèche. Il te demande dans un mauvais anglais si tu as besoin de quelque chose, puis s'éloigne discrètement en se disant que lui aussi, un jour, il partira, que lui aussi, un jour, il sera l'étranger mystérieux qui vient d'on ne sait où pour découvrir une terre et un peuple dont il ne connaît rien.

Dédé les rejoignit.

— C'est incroyable ce que ce vent vif dessèche. J'ai la pépie. Et tant qu'à faire je mangerai bien un bout.

Andreï et Sophie s'étaient isolés à l'étrave du bateau, là où le chuintement de la proue remplace le bourdonnement des moteurs. Serrés l'un contre l'autre, cramponnés au balcon avant, silencieux et immobiles, leurs regards se perdaient dans le lointain.

— Dédé, va à l'avant proposer quelque chose aux tourtereaux. Et où sont Gégé et Tatiana ?

— Dans leur cabine. Ils se reposent d'une nuit agitée.

*

Vint le moment d'arrêter les moteurs. Privée d'appuis, *Anastasia* commença à doucement se dandiner avant d'accepter sa dérive travers au vent, sous les regards inquiets des femmes qui, bientôt, se mirent à regarder dehors pour éviter les prémisses de nausée. Plus aucune terre à l'horizon. Sur trois cent soixante degrés, plus aucun repère et aucun signe de vie humaine.

Lorsque l'on perd la terre de vue pour la première fois, on peut être pris d'une violente angoisse. Au fil des départs, on s'habitue. Puis arrive le jour où la disparition de la terre est une joie, une libération, un soulagement, comme une page que l'on a réussi à tourner pour en ouvrir une autre, sur la liberté.

Vincent lut cette anxiété dans les yeux de Mélissa et sut la distraire.

— Regarde cet oiseau ! Il nous fournit une précieuse indication. Tous ceux de son espèce passent leurs nuits à terre et, lorsqu'au terme d'une traversée, tu en aperçois un dans le ciel, cela signifie que tu n'es pas loin d'une côte. Ce qui implique aussi que ce n'est plus l'heure de dormir : il y a beaucoup plus de trafic à proximité des côtes qu'au large, et il faut veiller pour prévenir les risques de collision. Tu risques aussi de rencontrer des filets de pêche ou des casiers qui se feront un plaisir de se prendre dans ta quille ou ton hélice. Enfin, les fonds se mettent à remonter et peuvent lever subitement une houle courte et nerveuse… sans compter que tu peux très bien rencontrer un récif.

« Et là, tu trouves soudainement que le grand large est reposant… parce qu'au large tu peux laisser courir ton bateau librement. Tu te mets à rêver d'une longue douche chaude, d'un steak-frites et d'une nuit franche. Les rêves raisonnables d'un homme honnête et fourbu. Tu sais que quand tu vas sauter sur le ponton, tu vas tituber, zigzaguer, marcher comme si tu étais ivre, victime du mal de terre. Ce mal étrange qui a fait prendre tous les marins du monde pour des ivrognes invétérés alors que c'est seulement leur oreille interne qui peine à retrouver ses repères. Mais dis-moi, je ne t'ennuie pas au moins ?

— Non, pas du tout. Je te sens étonnamment bien. C'est comme si tu me faisais visiter ta maison, ton chez-toi.

— À la nuit tombée, celui où celle qui veut aller se balader sur le pont, met son gilet et avertit les autres. Cela vaut principalement pour ces messieurs qui aiment bien aller soulager leur vessie dehors. La nuit, on ne voit pas les vagues et on ne peut pas anticiper les mouvements du bateau ! Vous êtes tout au bord du pont, les mains occupées par ce que vous savez, vous ne vous tenez pas au navire et la perte d'équilibre n'est jamais loin. Je vous rappelle que la plupart des cadavres d'hommes à la mer sont récupérés la braguette ouverte.

Tovaritch, épaté, commenta les recommandations.

— Ben dis donc, j'en apprends des choses. Même comment il faut pisser… On ne va pas demander au capitaine de servir l'apéro ? Allez Dédé, tu prépareras ton matériel de pêche plus tard. Tu connais les goûts de chacun, à toi de jouer.

47

DÉDÉ DONNE DES COURS

Tout à son affaire, Dédé opina.

— Je vais faire ma part en vous préparant l'apéro, mais si vous voulez bien, je vais à mon tour, après le capitaine Laffargue, faire étalage de ma science. *Argyrosomus regius*, ça ne vous dit rien, je suppose ?

— Non, mais on craint le pire, surtout venant de toi.

— Et le « grogneur » ?

— Pas vraiment.

— Ignares et fiers de l'être ! Vous êtes en train de flotter en toute ignorance au-dessus d'un sanctuaire halieutique, sur le lieu de vie et de reproduction d'un des plus beaux poissons de l'Atlantique, l'un des poissons les plus surprenants et un des meilleurs dans l'assiette. J'ai cité le maigre, qu'on appelle chez nous le grogneur. Il vit ici, dans le golfe de Gascogne, et plus particulièrement dans les eaux côtières du Pays basque, où il reste là en bancs compacts. C'est un carnassier très gourmand qui se régale de seiches, de calamars, de poulpes de sardines, de mulets ou de soles. En moyenne, il mesure entre cinquante centimètres et un mètre pour dix à trente kilos, et les pépères atteignent les deux mètres ! Mais c'est pas ça le plus intéressant chez *argyrosomus regius*. Suivez-moi. Chaque année, les maigres du Pays basque migrent vers le nord pour aller frayer dans l'estuaire de la Gironde, là et pas ailleurs.

— Diable, bigre, bougre, les maigres migrent ?

— Vincent, ferme ton claque-merde, j'instruis les foules passionnées et admiratives, va t'asseoir près du poêle s'il te plaît. Les maigres remontent en bancs, restant le long des côtes sablonneuses et peu profondes qu'ils affectionnent. Mais il faut que l'eau atteigne vingt ou vingt et un degrés, sinon ils ne viennent pas ! Et là, s'ils ne remontent pas vers l'estuaire, ils ne se reproduisent pas et la population chute terriblement d'une année sur l'autre. Bref, quand l'eau est suffisamment chaude, le maigre entre en rangs serrés dans l'estuaire de la Gironde et plus précisément entre Meschers et Mortagne-sur-Gironde. Et là… et là ! Les Charentais se réveillent, se remuent, s'extirpent de leurs langueurs monotones et de leur léthargie légendaire. Ils vibrionnent comme des libellules, ils s'électrisent comme leurs aînés à l'arrivée des esturgeons aujourd'hui disparus. Vous voulez que je vous parle de l'esturgeon ?

— Non merci ! On va s'en tenir au maigre, mon gros.

— Donc, sur la rive droite de l'estuaire, en juin et juillet, on pêche le « grogneur » à l'écoute. Ouais, à l'écoute ! C'est quoi t'est-ce, « l'écoute » ? Quand le maigre fraye, il grogne, et il grogne très fort, comme un cochon. Est-ce la frénésie de la recherche de la femelle, ou la satisfaction éjaculatoire d'avoir pu recouvrir ses œufs de son auguste semence ? Toujours est-il qu'il grogne.

— Un peu comme Toto ? ricana Vincent.

Dédé, le front plissé, le regard pénétré, et le ton docte, repoussa la blague avec mépris pour enchaîner en haussant les épaules.

— Qu'est-ce que la pêche à l'écoute, bande d'incultes ?

Vincent, Toto et Gégé, rigolards, cherchèrent trois minutes durant une sottise à répondre, mais Dédé, tout à son affaire, les interrompit.

— Les gars de Meschers, de Talmont-sur-Gironde et de Port-Maubert vont toujours par deux sur une petite barque. Ils se mettent en dérive, cessent de bouger, de parler, de fumer, de péter, et celui des deux qui a l'ouïe la plus fine et les genoux les plus souples se met à quatre pattes, colle son oreille au fond de la coque de l'embarcation. Ça peut durer longtemps, les fesses en l'air, le nez dans l'eau croupie. Et soudainement, survient de la profondeur des eaux de l'estuaire un grognement profond et caractéristique. Le fin bordé de l'esquif de bois fait office de caisse de résonance, comme le corps d'un violon. Putain de moine ! Papa maigre est là ! Le gros maigre est en train de faire son œuvre ! « Mouille le filet, magne-toi, ils sont là ! » Et vas-y que je te remonte trois maigres de quinze kilos chacun. Deux coups de téléphone plus tard, t'as les meilleurs cuisiniers de Nouvelle-Aquitaine qui rappliquent, qui te persécutent pour obtenir l'un des sujets. Oubliées l'alose, la lamproie, la loubine. Seule la piballe pourrait les exciter un peu plus… et encore. les cuisiniers payent en espèce et s'éclipsent en silence, couvant leur trésor d'un regard jaloux.

— Et l'esturgeon ? s'emporta Vincent, qu'est-ce que tu en fais ?

— De quoi me parles-tu, sinistre insuffisant ? De quel esturgeon ? *Acipenser sturio* ou *Acipenser baerii* ?

Andreï intervint.

— Sophie, puisque c'est le sujet, attrape-nous la grosse boîte de caviar de la Caspienne dans la porte du frigo.

— Après ce magnifique exposé halieutique Dédé, faut que tu boives quelque chose.

— Et pour finir demain, je vais caster avec un petit leurre en forme d'octopus bleu clair, puis j'essaierai à la dandinette. Et après, on fera un coup de traîne derrière *Anastasia*… je suis sûr que vous pourrez voir un grogneur de près. Je le ferai cuire au four avec des oignons.

*

L'après-midi, Tatiana tenta de se baigner, mais elle ne parvint pas à descendre l'échelle de bain au-delà des cuisses. Le poil duveteux parfaitement hérissé sur son élégante chair de poule, elle renonça sous le regard inquiet de Gégé qui brandissait un immense drap de bain largement ouvert. En effet, par souci de limiter le linge mouillé à l'intérieur d'*Anastasia*, la belle russe s'était mise à l'eau dans le plus simple appareil, sous l'œil indifférent d'un goéland argenté et celui – nettement moins indifférent – de Gégé qui, béat, admirait la plastique de sa compagne comme au premier jour de leur rencontre. Dédé, par pudeur, était resté tout ce temps à l'étrave, campé dans le balcon avant, dos ostensiblement tourné. Absorbé dans la contemplation du fil de sa canne à pêche, il tirait de temps à autre sur une infâme cigarette roulée, dans le seul but de lui éviter de s'éteindre.

Mélissa, qui avait pris soin d'embarquer un minuscule clavier électronique, cherchait la mélodie la plus adaptée aux circonstances. Sophie s'était mis en tête d'inventer un dîner original. Dédé traquait vainement le maigre en multipliant les lancers, mais l'absence de grogneur le rendait grognon. Gégé s'essayait au matelotage pendant que Vincent apprenait à Andreï les règles élémentaires de la navigation.

— Entretenir l'estime, ce n'est pas faire en sorte que tes copains aient une bonne opinion de toi ; ça consiste à partir d'un point estimé ou vérifié d'une position, et à entretenir sa vraisemblance au fil de ton déplacement en tenant compte de ton cap, de ta vitesse, de ta dérive, du courant, pour en arriver à tracer une route plausible.

48

EN DÉRIVE

Mélissa hésita longuement devant la discothèque avant de se décider pour l'album *Play Bach* de Jacques Loussier. Surprise par la qualité exceptionnelle du son émis par les discrètes enceintes soigneusement dissimulées, elle s'attarda en réglages pour obtenir le meilleur rendu sonore possible.

Dédé dressait la table comme il se doit en mer : sets de tables antidérapants, assiettes en mélamine, godets larges en plastique transparent imitant le verre, bouteilles immobilisées dans leur élégant présentoir de bois… L'heure d'un dîner au bout du monde fut donnée par le bulletin météo diffusé par la VHF du bord.

— Toto, t'as enregistré la météo ?

— Pas eu le temps.

— Alors, t'as noté ?

— J'y ai pas pensé.

— Mais tu t'en souviens ?

— Pas trop.

— Toto. Tu manques de rigueur. Va falloir sacrément te ressaisir.

— Te fâche pas, regarde y'a encore plein de caviar.

Le dîner s'écoula dans une grande sérénité. Andreï, qui semblait découvrir la discipline de la navigation hauturière, accablait Vincent de questions.

Après le dessert, Mélissa se mit en tête de faire chanter l'équipage. Elle commença par donner à chacun sa tessiture :

— Toto, toi t'es basse. Dédé, contre-ténor. Gégé, baryton ; Vincent, baryton-basse ; Sophie, soprano et Tatiana, mezzo-soprano.

Puis, tout à fait sérieusement, elle s'installa derrière son clavier.

— Bien, je commence : « Colchiques dans les prés, fleurissent, fleurissent… » Toto, mollis un peu, on n'entend que toi ! On dirait une corne de brume de la mer baltique une nuit d'hiver. Dédé, plus fort !

*

Vint l'heure de se coucher. Vincent semblait préoccupé.

— Qu'est-ce qu'il y a ? s'enquit Tovaritch.

— Je ne sais pas quoi faire. Si on laisse les feux de mouillage allumés toute la nuit, on va consommer un maximum d'électricité pour rien, au risque d'en manquer demain. On est dans une zone où il n'y a aucun trafic. Et on a le réflecteur-radar pour signaler notre présence.

Tovaritch prit subitement l'air gêné et adopta une moue étrangement dubitative. Vincent fut pris d'un doute.

— Quoi, tu ne vas pas me dire tu n'as pas de réflecteur-radar !

— Si, si. Il est dans le garage, au Ferret.

— C'est pas possible !

— T'avais qu'à me dire de l'embarquer.

— Je ne pouvais tout de même pas imaginer que le réflecteur-radar n'était pas à poste, sur le mâtereau du roof. Alors, si je comprends bien, la prochaine fois qu'on prendra la voiture, faudra que je te demande si t'as pensé à apporter tes clignotants ? Toto, tu me tues !

Tovaritch grogna quelque chose d'inintelligible, mais il avait l'air tellement penaud que Vincent n'insista pas.

— Ça fait rien, on va faire comme ça. Pas de feux, pas de réflecteur-radar. Avec de surcroît la nouvelle lune, on va être plus furtif et invisible qu'un bombardier américain de la dernière génération baguenaudant dans le ciel irakien.

Vexé, Tovaritch, pour minimiser sa faute, interrogea.

— Mais pourquoi *Anastasia* aurait besoin d'un réflecteur-radar et pas tous les autres bateaux ?

— Tu devrais le savoir. Si *Anastasia* était métallique, elle renverrait naturellement un écho aux appareils en marche dans les environs, mais elle est en bois et polyester. Donc elle ne produit aucune image radar. Le réflecteur métallique permet de remédier à cette carence. Tu piges ?

— Donc, on va être aussi invisible que le sous-marin de Dédé ?

— Ouais. Au risque de se faire rentrer dedans. On va devoir établir un quart de veille. Quelle heure est-il ? Bon, on commence à minuit. Minuit-deux heures, j'assure. Deux heures- quatre heures : Dédé ; quatre heures-six heures : Toto ; six heures-huit heures : Gégé. Voilà les consignes : pas la peine de se tenir dehors dans le cockpit, exposé au vent et au froid, sauf pour fumer une clope. Restez dans la timonerie, c'est plus sûr et au moins, vous ne risquerez pas de passer à la baille alors que tout le monde dort. Vous y voyez suffisamment par les hublots, à trois cent soixante degrés. Gardez les jumelles à vision nocturne, le projecteur halogène et la corne de brume à air comprimé à portée de main. Les clefs des moteurs sont sur le contact. Si vous voyez une lumière, vous commencez par la relever au compas. Si elle grossit, réveillez-moi. Je peux pas faire plus simple.

— Pourquoi ?

— Vous êtes incapables de savoir si un bateau fait route, d'estimer son cap, sa vitesse, le risque de collision, de définir s'il est en action de pêche, s'il tire un chalut tout seul ou en bœuf avec un autre bateau… Alors vous me réveillez.

— C'est pas engageant, ça me fout la pétoche.

— Mais non, la peur n'éloigne pas le danger. Passé le premier quart d'heure, les yeux accommodés à l'obscurité, les choses paraissent moins hostiles. Vous ne verrez probablement rien, mais gardez à l'esprit que la vie de ceux qui dorment est entre vos mains…

— C'est rassurant…

— Vous allez vivre l'expérience unique de votre premier quart de veille et passererez par toutes ses étapes. D'abord, l'excitation à se retrouver seul, responsable du bateau et de ses occupants qui dorment sereinement. Puis, ce silence pesant commencera à vicieusement vous angoisser, laissant votre esprit divaguer dangereusement et vous faire imaginer des choses terrifiantes. Ensuite, la sensation de froid humide vous envahira, en même temps qu'un sentiment d'extrême solitude. Votre vigilance s'amenuisera : l'esprit se met à vagabonder, les positions à devenir douloureuses, vous commencerez à rêver éveillé. Heureusement, la relève arrivera. On échangera alors quelques mots : « Rien à signaler ? » ; « Rien. » ; « Va te coucher. »

*

À la relève de deux heures du matin, Vincent remarqua avec étonnement la ponctualité de Dédé. Avec un sérieux surprenant, il prit le temps de s'acclimater, d'accoutumer sa vision à l'obscurité ambiante en fumant une cigarette dans le cockpit avant d'interroger Vincent.

— T'as des consignes particulières ?

— Non. Un tanker est passé à quinze milles au large, route au sud. Un globicéphale est venu nous voir de très près. Rien d'autre.

— La sonde ?

— Correcte. Correspond à la position.

— La dérive ?

— Vitesse et direction inchangées. Notées sur le livre de bord.

— Je prends. Va te pieuter.

Vincent rejoignit à tâtons la cabine arrière gauche, assez exiguë et basse de plafond. La douce tiédeur de l'alcôve jurait avec la fraîcheur humide et pénétrante de la timonerie. Enroulée dans la couette, Mélissa dormait en travers de la couchette double et ronflait paisiblement. Il la repoussa délicatement jusqu'à pouvoir s'allonger. Il rangea avec soin ses vêtements et ses chaussures, prêts à être enfilés. Vouant au sens marin de Dédé une confiance aveugle, il s'endormit instantanément.

49

MAUVAISE RENCONTRE

C'est à trois heures cinquante-cinq que Dédé frappa vigoureusement à la porte de sa cabine, le réveillant en sursaut.

— J'arrive !

À travers la porte, Dédé relativisa.

— Prends ton temps. C'est important mais pas urgent. Sape-toi chaudement avant de sortir. Ça pince.

Des indications utiles, des phrases simples, des mots de marin.

Vincent émergea dans la timonerie, un peu désorienté.

— Regarde sur l'arrière tribord.

Vincent se concentra trente secondes, le temps d'accommoder sa vue, avant d'acquiescer du bout des lèvres.

— Ouais… une vague lueur blanche, peut-être. Tu l'as relevée ?

— Elle est fixe et quand tu crois qu'elle se déplace, c'est parce que *Anastasia* s'en approche sous l'effet de la brise. Je me suis calé sur la lune et j'ai vérifié au compas. La lumière est fixe, elle ne bouge pas. C'est nous qui dérivons sur elle.

— Surprenant, mais pas inquiétant. Et t'en penses quoi, Dédé ?

Ne voulant pas influencer son ami par un préjugé parasite, il tendit avec une moue dubitative les jumelles à vision nocturne à Vincent, en se lissant la moustache d'un geste machinal. Manifestement, il avait déjà son idée.

Vincent resta plus d'une minute immobile, les yeux rivés aux oculaires. Dédé s'impatienta :

— Et alors, t'en penses quoi ?

— Putain ! C'est pas vrai ! Dédé, pince-moi, dis-moi que je rêve, que je suis pas bourré…

— On est d'accord. Un automoteur de soixante pieds, probablement un Riviera ou un Chris Craft armé pour la pêche au thon… Et contre son flanc tribord, y'a quoi ? Un truc bizarre, d'un mètre cinquante de haut, de couleur bleu clair. Ça me rappelle des mauvais souvenirs…

Les yeux collés aux jumelles, Vincent réclama.

— Précise !

— J'espère que tu vas pas encore dire que je délire… mais pour moi, c'est le même truc que dans le chenal du Teychan, si tu vois ce que je veux dire. J'ai plus un poil de sec, je l'avoue. J'ai la pétoche. Faut qu'on se barre de là, Vincent.

— Attends un peu. On balance pas de signature radar, on est tous feux éteints, la nuit est sans lune, ils ne peuvent pas nous avoir vus. Pour l'instant, on ne risque rien.

— En dérivant, on s'approche d'eux. Tu devrais mettre les moteurs en marche tant qu'on est assez loin, en espérant qu'ils ne nous entendent pas. Et on s'éloigne, tout doucement, à bas régime. Après on avisera… Quand on sera bien à l'abri.

Vincent, fasciné, n'entendait pas Dédé.

— La vache ! Si tu restes un peu à regarder, tu vois les allées et venues entre le kiosque du sous-marin et le cockpit du bateau. Et quand il y en a un qui tourne la tête vers moi avec sa frontale, j'en prends plein les mirettes à cause de l'intensificateur de lumière des jumelles.

— Vincent, faut se barrer de là. Je mets les bourrins en marche ?

— Attends une seconde, poltron ! Est-ce que tu sais ce qu'il se passe, là, sous tes yeux ?

— Je ne sais pas et je m'en fous. Je veux me tirer de là, c'est tout.

— Et moi je t'explique. Comme ils avaient la trouille de se faire repérer lors du franchissement des passes et d'être attendus par la maréchaussée à l'intérieur du Bassin, ils sont allés à la rencontre du sous-marin pour faire le transbordement en haute mer, là où il n'y a personne, aucun témoin.

— Ouais, peut-être, mais en attendant on est à moins d'un mille et le jour va bientôt se lever. On peut pas jouer avec ces gonzes. Avec leur cargaison, ils doivent être chauds comme la braise. Je suis sûr qu'ils sont armés comme un porte-avions en vadrouille dans le détroit d'Ormuz. Et nous on est à poil, au large, sans témoin, avec trois filles à bord. Ils peuvent nous liquider comme ils veulent, c'est pas le moment de jouer à Zorro.

— T'as raison, on se casse. Va réveiller les copains, dispositions de combat !

Cinq minutes plus tard, Andreï et Gérard, les cheveux en bataille, les yeux aussi bouffis que hagards, les rejoignaient dans la timonerie – l'un bouclant à la hâte la ceinture de son pantalon, l'autre enfilant péniblement ses Docksides. Dédé leur résuma la situation pendant que, muets et incrédules, ils écarquillaient en vain les yeux en direction du bateau inconnu. Mélissa, pieds nus et vêtue d'une nuisette trop courte, fit une apparition effarée et particulièrement silencieuse.

Soudain, un projecteur halogène braqua sur *Anastasia* son étroit faisceau lumineux, aveuglant ses occupants.

Une minute passa et un second projecteur vint appuyer le premier de sa puissance écrasante, confirmant ainsi avec autorité qu'*Anastasia* était prise comme un animal sauvage dans les phares d'une voiture.

Offusqué par une telle agression lumineuse, Vincent, tout à sa colère, s'empara de la radio VHF pour interpeller l'auteur des faits sur le canal général.

— Navire à dix milles dans le 270 de l'atterrissage d'Arcachon : respectez les règles de navigation, éteignez vos projecteurs et identifiez-vous !

Une minute passa sans réponse et Vincent répéta son message. Une autre minute s'écoula et la réponse attendue tomba sous forme d'autres questions.

— Et vous, que faites-vous là ? Qui êtes-vous, et pourquoi êtes-vous si près de nous ?

Surpris, ne sachant que penser, les amis se regardaient lorsque Mélissa, pétrifiée, lâcha un long cri étouffé et se mit à trembler en bredouillant.

— Non pas ça, pas lui !

Vincent, interdit, la saisit par les épaules, puis la serra dans ses bras en lui demandant :

— Qu'est-ce qu'il y a ? C'est qui ?

— Nogues ! C'est la voix de Nogues, je la reconnais.

— T'es sûre ?

— Totalement. La voix haineuse de l'homme qui m'a promis de me tuer, je ne l'oublierai jamais. Partons !

— Tu as raison, allons-y.

Et Vincent se fit autoritaire.

— Toto, mets les moteurs en marche, allume les feux de route, cap compas 90. On décarre.

Tovaritch mit le contact des deux moteurs, déclenchant ainsi les stridentes alarmes sonores signalant l'absence de pression d'huile. Elles devaient s'entendre de très loin et témoignaient clairement de leur intention de déguerpir. Puis il démarra les moteurs et embraya. *Anastasia*, l'étrave dressée, s'élança cap à l'est en direction des passes du bassin d'Arcachon.

Vincent regarda avec soulagement la coque blanche du Riviera 60 s'éloigner et diminuer dans le tableau arrière d'*Anastasia* et donna tranquillement ses instructions à Tovaritch.

— Monte à dix-huit ou vingt nœuds au planning durant une demi-heure, on sera débarrassé de ces tocards. Ensuite, tu descendras à la vitesse de croisière pour qu'on se présente devant les passes à la fin du flot. Si tu es d'accord, on ira passer la journée au banc d'Arguin pour souffler et se changer les idées.

Réveillés par le rugissement des moteurs, Tatiana et Sophie, ensommeillées, venaient de faire leur apparition dans le carré.

— Qu'est ce qui passe ?

— On prend le large. L'endroit semble inapproprié à la villégiature. Gégé, prépare un café pour tout le monde en veillant à ne pas te brûler, ça secoue.

Gégé fronça les sourcils.

— T'as vu qu'on est suivi ?

Vincent se retourna et aperçut la haute étrave du Riviera 60 ourlée de puissantes moustaches d'écume et inscrite dans le sillage d'*Anastasia*. Il saisit les jumelles et ce qu'il vit lui coupa le souffle.

Deux hommes étaient accroupis dans les passavants, un de chaque côté du roof. D'une main ils se cramponnaient au bastingage du bateau et de l'autre, ils tenaient une arme longue.

Vincent reposa les jumelles, hésita une seconde avant d'informer l'équipage de la situation, puis il s'y résolut.

— L'heure est grave… On nous poursuit, et pas avec les meilleures intentions. Toto, passe les commandes à Dédé. Dédé, vérifie la température des moteurs et la pression d'huile et mets les gaz à fond, les commandes au taquet. Gégé, fais mettre les gilets à tout le monde et apporte-nous les nôtres. Les filles, allez vous abriter sur les couchettes dans la cabine avant, vous serez sous la flottaison. S'ils nous rejoignent et se mettent à artiller, ce sera de l'arrière, vous ne risquerez rien.

Anastasia, entre les mains expertes de Dédé, se mit à allonger la foulée pour atteindre sa vitesse maximum annoncée sobrement par le barreur.

— Vingt-six nœuds.

— Bien. Tiens cette vitesse et ce cap et surveille les températures moteur.

— Bien.

Mais le Riviera, qui s'était habilement installé dans le sillage plat d'*Anastasia* gagnait du terrain. Le duel tournait visiblement à l'avantage du poursuivant sur le fuyard et les moteurs d'*Anastasia* ne pourraient pas supporter longtemps une telle sollicitation et un régime aussi démentiel. Lequel des deux bateaux se montrerait le plus endurant? *Anastasia* semblait plus agile et maniable, le Riviera plus puissant et robuste.

Le poursuivant gagnait encore et régulièrement du terrain et se trouvait désormais à quatre-vingts mètres du tableau arrière d'*Anastasia* lorsqu'ils entendirent le bruit étouffé d'une rafale de tir d'arme automatique. Vincent, atterré, vit les impacts dans le tableau arrière et le haut du roof. Il fulmina.

— Et on n'a rien pour se défendre. On est tout nus. Des agneaux qu'on mène à l'abattoir. Ils vont nous buter ces salauds ! Et dans l'anonymat et le silence du grand large…

50

TACTIQUE

Le jour commençait à poindre et l'issue de la poursuite ne semblait plus faire aucun doute. Vincent se rendit à l'évidence. Il empoigna le combiné de la radio.

— Je vais envoyer un « mayday » sur le canal 16. Si personne ne peut se porter à notre secours, ils sauront au moins ce qui nous est arrivé et de quoi nous sommes morts.

Dédé, qui tenait fermement la barre, le regarda avec un petit sourire espiègle.

— Attends un peu… j'ai une idée. Tenez-vous bien, ça va gigoter. On va leur faire faire du trampoline. Ils vont attraper la danse de Saint-Guy, les comiques…

Il fit faire au bateau un violent zigzag serré puis reprit le cap initial. Surpris, le Riviera ne put éviter la trajectoire tortueuse d'*Anastasia* et buta violemment sur les deux vagues de son sillage. Les deux hommes armés perdirent l'équilibre et se retrouvèrent en l'air, lâchant leurs armes. Le barreur du Riviera fut contraint de couper les gaz pour éviter de perdre le contrôle du bateau. Dédé renouvela habilement la manœuvre chaque fois que le Riviera s'approchait trop à son goût.

L'efficacité de ces zigzags donna à Vincent une idée qui le mit en joie. Il ne prit pas le temps de l'exposer aux amis, mais à sa mine réjouie, on pouvait la juger prometteuse. Il demanda à Tovaritch :

— Toto, qu'est-ce que t'as fait de ta bobine de quatre cents mètres de polypropylène bleu de douze millimètres ?

— T'en as de bonnes, toi ! Tu m'as dit que c'était une saloperie de cordage flottant, que ça servait à rien et qu'il fallait le débarquer.

— Alors, tu l'as débarqué ?

— Non, j'ai oublié.

— À la bonne heure ! Distrait ou fainéant, je te pardonne. Il est toujours au même endroit ?

— Oui, le coffre gauche du tableau arrière.

Vincent s'adressa alors à Dédé.

— Je vais ramper dans le cockpit jusqu'au tableau arrière en faisant en sorte qu'on ne me voie pas. Toto va me garder à l'œil. À mon signal, Toto te dira de faire un grand zig suivi d'un grand zag. Bien amples, c'est compris ?

— Qu'est-ce que tu vas faire ?

— Le polypropylène… quatre cents mètres…

Dédé, fronça les sourcils, resta silencieux puis soudain, son visage s'éclaira et il arbora un large sourire dévoilant ses dents jaunies par son mauvais tabac.

— Fallait y penser. T'es vraiment un enfoiré… Encore faut-il que ça marche, allons-y !

Vincent mit son plan à exécution. Il extirpa du coffre la bobine de cordage et l'enfila immédiatement sur le manche de la gaffe faisant office d'axe. Il le tenait fermement, une main de chaque côté du rouleau. Puis il jeta à l'eau les premiers mètres de cordage, qui, associés à la vitesse du bateau, firent se dévider le rouleau à une vitesse affolante. De la tête, Vincent adressa un signe désespéré à Tovaritch qui donna illico une tape sur l'épaule de Dédé.

L'agile *Anastasia* partit dans une série de zigzags endiablés, dignes d'un slalom géant sur une piste de ski autrichienne. Vincent, les dents serrées, laissait filer soigneusement le cordage bleu flottant à la surface de l'eau.

Dans la mousse du sillage d'*Anastasia*, le filin était peu visible et de toute manière, il était impossible au Riviera de réagir assez vite pour l'éviter. À la grande surprise de Vincent, le poursuivant passa à deux reprises sur le cordage et continua sa route. Dépité, il était déjà en train d'accepter son échec lorsque l'étrave du Riviera s'enfonça en même temps que le bateau ralentit, puis s'immobilisa. L'écart de distance avec *Anastasia* se creusa immédiatement. Vincent fit signe à Dédé de ralentir, puis de s'arrêter. Il se mit alors à improviser dans le cockpit une sorte de danse primitive ponctuée de cris étranges, sous le regard interrogateur de Tovaritch, tandis que Dédé riait à perdre haleine en se tapant sur les cuisses.

Tovaritch, probablement jaloux de leur soudaine bonne humeur, réclama une explication.

— Mais qu'est-ce que t'as foutu ?

— On a bloqué les deux hélices du bateau des méchants ! Le cordage flottant s'est enroulé autour d'elles, ça les a coincées. Ils allaient tellement vite que ça a fait une touffe impossible à desserrer ou à défaire. Maintenant, faut plonger en bouteilles et attaquer ça au poignard… ils en ont pour des heures ! Et s'ils n'ont pas de bouteilles, c'est fini pour eux. On avait une chance sur deux que ça marche : s'ils avaient eu des coupe-orins, ça n'aurait pas fonctionné. Mais là, vu la vitesse à laquelle les arbres d'hélice tournaient au moment du blocage, je pense que les tourteaux d'accouplement des transmissions reliant les moteurs aux arbres ont cédé. C'est la première fois de ma vie de marin qu'un bout pris dans une hélice me met en joie ! Généralement, c'est la galère, mais là ! Un vrai bonheur.

Vincent reprit un peu son sérieux.

— On peut pas s'approcher d'eux, ils sont encore capables de nous tirer dessus. Je vais les appeler par radio. Juste pour rigoler. Pour rigoler et pour leur demander s'ils n'ont pas besoin d'aide ou de secours. On reste malgré tout des marins. Ils peuvent avoir une voie d'eau et aller au fond, on sait jamais.

51

GAME OVER

Gégé, après avoir observé aux jumelles le bateau des fuyards qui roulait sur lui-même, travers à la vague, s'exclama :

— Regardez, ils jettent des trucs à la flotte !

Vincent jeta un coup d'œil à son tour et commenta :

— Ça veut dire qu'ils ont compris qu'ils sont coincés ; ça confirme que les tourteaux d'accouplement sont cassés. Ils savent qu'ils sont cuits, alors ils font le ménage. Ils balancent les armes et la cocaïne. Les armes, ça coule, mais les ballots de cocaïne, ça flotte ! Ils pourront toujours dire aux autorités que ce qu'il y a à la surface de la mer n'est pas à eux ! Nous, on nous a soupçonnés de trafic de drogue pour moins que ça… À moins qu'ils éventrent les paquets un à un pour les faire couler. Les pauvres poissons de Dédé vont être raide défoncés. Je les appelle.

Vincent saisit le combiné de la VHF et appuya sur la pédale d'émission.

— Riviera 60 en panne au large d'Arcachon, d'*Anastasia* sur canal 16, comment me recevez-vous ? Parlez…

Ne recevant aucune réponse, il renouvela son appel trois fois jusqu'au moment où une voix forte, au ton méchant et agressif témoignant d'un agacement extrême répondit.

— Oui !

— Riviera 60 de *Anastasia*. Commencez par respecter la procédure radio. Identifiez-vous. J'ai déjà votre immatriculation. Tout à l'heure, j'irai voir le nom de baptême de votre bateau au tableau arrière, mais vous pouvez me le donner tout de suite. À vous…

— Qu'est-ce que vous voulez ?

— Riviera 60 de *Anastasia*. Vous ne voulez décidément pas respecter la procédure radio. C'est dommage, car nous sommes écoutés par le sémaphore du Cap Ferret et le CROSS Corsen[1]. Pour répondre à votre question : je veux m'assurer que vous n'êtes pas en danger. Avez-vous une voie d'eau ?

— Négatif.

— Un blessé, un malade ?

— Négatif.

— Avez-vous de l'eau potable ?

— Négatif.

— Je vais requérir l'intervention des forces de l'ordre. Vous serez pris en charge et interpellés.

— Pouvez-vous nous donner de l'eau ?

— Affirmatif.

— Venez à couple et lancez-nous quelques bouteilles.

— Bien essayé, mais ça marche pas. Gonflez votre radeau de survie, mettez-le à la mer, laissez le dériver vers nous, on va le charger en eau et vivres.

— Pas la peine, on a ce qu'il faut.

— Vous êtes combien à bord ?

---

1. Centre régional opérationnel de surveillance et de sauvetage de Corsen, implanté sur la commune de Plouarzel dans le Finistère.

— Un certain nombre.

— Vous n'êtes pas très coopératifs... Dis-donc Nogues ! Décidément, que ce soit en l'air ou sur l'eau, t'es fâché avec les hélices ! Il va falloir qu'on te trouve une prison à la campagne, loin des éoliennes... CROSS Corsen, sémaphore Ferret, vous avez copié ?

— De CROSS Corsen. Bien reçu, fort et clair. Vous confirmez la demande d'intervention sur zone ?

— De *Anastasia*. Je réclame la présence des affaires maritimes, des douanes françaises, de la gendarmerie ou de la marine nationale. On ne peut pas rester plus de trois heures sur les lieux. Ensuite, on rejoint Arcachon. Je peux vous fournir des précisions sur un canal de dégagement. Dès qu'on retrouve un réseau GSM, je vous répète tout ça par téléphone. Je suis commissaire de police. Cela peut vous être confirmé immédiatement par la permanence PJ de Bordeaux et les gendarmes du Cap Ferret. J'agis conformément aux dispositions du code de procédure pénale et plus particulièrement en application de l'article 53 et suivants et je requiers l'assistance de la force publique pour procéder à des interpellations dans le cadre d'un trafic international de stupéfiants.

— Bien reçu. Fort et clair. Pas trop habitués à ce genre de demande. On donne suite. On vous tient informé. Restez à l'écoute.

Vincent soupira et commença à se détendre.

— Quand je pense qu'on est sortis en mer pour se changer les idées après l'histoire de Dédé, de son sous-marin et des Indiens, qu'on navigue pour resserrer nos petits boulons, seuls, entre nous, pour célébrer la paix, l'amour et l'amitié. On avait même commencé par chanter *Colchiques dans les prés*, et maintenant en guise de paroles, je cite des articles du code de procédure pénale par radio avec le CROSS, on attend la maréchaussée pour des explications judiciaires qui s'annoncent rugueuses. Sommes-nous maudits, condamnés à nous vautrer éternellement dans la fange des mauvaises personnes que porte cette malheureuse planète, à subir les turpitudes putrides et pestilentielles de nos contemporains cupides et sans foi ni loi ?

Dédé ne résista pas à l'envie de commenter.

— Et, pourtant il n'a rien bu !

Vincent ne releva pas.

— Bon, on se tient à quatre cents mètres d'eux, au moins, et on les garde à l'œil. Faudrait pas qu'ils leur vienne l'idée de nous aborder avec leur annexe pour nous attaquer. N'oubliez pas qu'ils sont susceptibles d'être armés. Dès que les autorités arrivent, on dégage, retour Arcachon. En attendant, on va se faire un bon café avec du pain grillé et un peu de confiture. J'ai faim.

Tout à coup, une alarme particulièrement stridente retentit en vrillant les oreilles de tous, provoquant la stupeur générale.

52

ALARMÉS

Vincent et Dédé cherchaient d'où pouvait venir l'alarme et achevaient en vain une série de contrôles de routine, lorsqu'ils entendirent un vrombissement sourd provenant de la cale.

— Punaise! Pas de doute, c'est la pompe automatique de cale qui s'est mise en route.

En soulevant le plancher de la cabine, la confirmation tomba comme un couperet. L'eau recouvrait déjà le fond du bateau sur trente centimètres, et elle menaçait d'atteindre le circuit électrique.

Les fonds d'*Anastasia* avaient jusque-là toujours été parfaitement secs; les passagers ne s'expliquaient pas cette voie d'eau brutale. Puis Dédé découvrit et ramassa un étrange morceau de métal déformé, gisant au fond de la cale. Vincent l'examina.

— C'est une balle de 7.62, rien que ça. J'espère qu'il n'y a pas trop d'autres trous sous la flottaison. Gégé, mets ton habit de lumière et va inspecter les œuvres vives. Pour l'instant la pompe électrique étale, mais il faut boucher.

Au bout de quelques minutes, Gégé repéra trois orifices dans le bas du tableau arrière du bateau et réclama des pinoches pour les obturer. Ces morceaux de bois coniques en forme de cheville font partie du matériel obligatoire à bord. Vincent demanda donc à Tovaritch d'apporter le sac contenant ce matériel de secours mais le Russe, l'air chafouin, temporisa avant d'avouer.

— Je les ai mises au garage.

— Bougre d'idiot ! Mais qu'est-ce que tu n'as pas mis dans ton garage ! Il ne va pas couler, lui !

Dédé trouva la solution au problème.

— On va utiliser des bouchons de liège recoupés au couteau sur mesure et le tour est joué. Il y a combien de trous ? Trois. Pas de problème, je vous apporte ça.

Cinq minutes plus tard, il passait trois bouchons à Gégé en commentant.

— C'est pas le tout de déboucher les bouteilles. Maintenant, il va falloir les vider avant de remettre en route. Ça tombe bien, moi je me taperais bien des rillettes avec une clapotée de rouquin. Je claque du bec, j'ai les lèvres gercées et la chaudière qui refroidit. Et puis, mettre hors d'état de nuire avec brio et désinvolture des malfaiteurs internationaux, ça creuse. Encore faut-il permettre aux héros d'entretenir leur ardeur au combat, leur capacité opérationnelle, et leur tonus d'athlète de haut niveau.

Tovaritch renchérit.

— Je ne sais pas si je ne vais pas accompagner Dédé. J'ai comme une envie de libation.

Par l'effet de la dérive, le Riviera était tombé sous le vent d'*Anastasia* ; désormais, les bruits occasionnés par les amis parvenaient clairement aux oreilles des malfaiteurs. Leur surprise et leur incompréhension furent totales lorsque les occupants d'*Anastasia* entonnèrent gaiement *Colchiques dans les prés* en harmonie.

Ce qu'ils n'entendirent pas en revanche, c'est la vedette des douanes françaises, dont les membres de l'équipage en tenue de combat se concertaient du regard pour décider de la meilleure tactique d'abordage. Mais derrière la vedette des douanes, un bâtiment rapide des affaires maritimes pointait lui aussi sa puissante étrave ourlée d'écume.

Il allait falloir exposer aux autorités, de manière simple et claire, une situation… qui n'était ni l'une ni l'autre. L'entreprise semblait d'autant plus délicate qu'à l'arrivée sur zone des forces de l'ordre, les amis étaient totalement déconcentrés et ne semblaient pas vraiment en proie à l'inquiétude…

Dédé, passablement éméché, habillé seulement d'un slip blanc trop large remonté au-dessus du nombril et dans lequel flottaient ses cuisses blafardes et décharnées, descendait péniblement l'échelle de bain d'*Anastasia* en ricanant. Saisi par le froid de l'eau au niveau des parties sensibles, il lâchait des glapissements ridicules tandis que Tatiana, dans son monokini minuscule, attendait qu'il libère la descente pour rejoindre l'eau tout en tâchant de dissimuler ses seins nus.

Nageant dans l'eau fraîche une brasse aristocratique, le menton hors de l'eau et le cou tendu comme un cormoran, Dédé lâcha à la vue des gendarmes :

— On se barre en haute mer, hors de la vue des côtes, dans l'espoir de nager librement en compagnie d'une naïade sculpturale, d'une sirène que l'on croirait tout droit sortie de *L'Odyssée*, d'une de ces nymphes ayant peuplé les légendes antiques ; on commence à peine à réciter des vers de la poésie grecque et à invoquer Neptune que paf ! arrivent les bourres à front plat, les cognes prêts à tabasser les innocents, la soldatesque aveugle et belliqueuse, la horde coercitive, la tribu des tape-dur, les maniaques de la taloche.

— Dédé, ferme-la et sors de l'eau ! Avec ce que t'as tisané, t'es bon pour l'hydrocution. Remonte immédiatement ! T'es complètement idiot de te foutre dans une eau à dix-neuf degrés dans la situation qui est la nôtre. Et enlève ce slip ridicule, mais attends d'être dans la salle de bains… Prends une douche chaude, sape le peignoir de Toto et reste en bas, je ne veux plus te voir. Et surtout, ne parle pas aux autorités !

— Monsieur le commissaire veut probablement s'attribuer l'exclusivité du succès de cette brillante affaire… Il veut occulter le rôle, pourtant décisif, des autres participants, notamment le mien. Sans doute nous autres les soutiers, les petites mains, les manœuvriers, ne sommes-nous pas assez décoratifs pour figurer auprès de lui sur la photographie qui sera reprise dans la presse internationale, et en couverture des grands magazines.

Vincent s'agaça.

— Gégé, s'il te plaît. Occupe-toi de lui pendant que je fais le point avec les intervenants. Sinon il va nous foutre la honte. Ne le lâche surtout pas. Et fous-lui une bouteille quelconque dans les pognes. Il a déjanté. C'est toujours comme ça avec lui. Après un coup de stress, il faut qu'il délire.

À l'invitation de Vincent, la vedette des affaires maritimes s'approcha précautionneusement d'*Anastasia*. L'officier de gendarmerie qui se cramponnait au bastingage reconnut Vincent et se détourna un instant, pour soupirer profondément, l'air accablé. Puis, sur un ton fataliste, il se résigna.

— Quand les « aff-mar » m'ont demandé de les accompagner, j'ai eu comme un doute. Mais je me suis dit que c'était pas possible. Pas eux! Pas encore! Mais comment faites-vous pour vous retrouver constamment dans les pires embrouilles ?

— Dans la maison poulaga, mon petit nom c'est le « chat noir », ça t'étonne? Monte à bord, faut que je te cause.

Les deux embarcations vinrent brièvement à couple, et l'officier sauta à bord d'*Anastasia*.

53

AU RAPPORT

Vincent résuma la situation.

— On passait gentiment la nuit en dérive entre copains avec nos femmes, tous feux éteints, lorsqu'un membre de l'équipage assurant la veille a aperçu le Riviera qui était à couple d'un sous-marin et qui transbordait des trucs. Je te la fais courte. Ils nous ont repérés, on s'est enfuis, ils nous ont pris en chasse et je les ai stoppés en leur flanquant un bout dans les hélices. Ils ont compris qu'ils étaient niqués et ils ont jeté la coke et les armes à la baille. En causant à la radio avec eux, ma femme a reconnu la voix de Pierre Nogues, il est à bord.

— Pardon ? Tu peux répéter ?

— J'ai dit Nogues… Pierre Nogues. Il est à bord.

L'officier était abasourdi. Il donnait à Vincent l'impression d'avoir reçu un coup de matraque derrière la tête. Il restait incrédule.

— T'es sûr de ce que t'avances ?

— Ma femme n'a pas pu l'inventer. Pourquoi ?

— Je crois qu'au point où nous en sommes, il faut tout se dire… même si je ne parviens toujours pas à avoir une confiance totale en toi.

— Ça tombe bien, moi non plus.

— Avant-hier, on a eu un message de la gendarmerie de l'air : l'avion de Nogues arrivait sur l'aérodrome d'Anglet, à côté de Bayonne. J'actionne la SR locale. Sur place, ils apprennent que Nogues a loué une voiture. Heureusement, la caisse est équipée d'un *tracker*, ce qui est de plus en plus fréquent sur les bagnoles de location. Bref, on remonte la caisse. Elle est stationnée au port de Capbreton. Les gars foncent là-bas, la repèrent et se mettent en planque. Quelques heures plus tard, Nogues monte dans la voiture, direction le golf d'Hossegor.

— Tu vas me faire visiter toutes les Landes de Gascogne ?

— Attends un peu, tu vas voir l'embrouille. Nogues pose sa voiture de location au parking du golf et peinard, il commence un dix-huit trous. Nos mecs surveillent sa bagnole. Nogues n'est jamais revenu à sa voiture. Tu piges ?

— Ouais, à peu près. Il était chaud, il vous a fait un coup de sécurité, dans le genre céphalopode. Je lâche un nuage d'encre, et vous voyez que dalle. C'est un bon. Et pourquoi y'a pas un de tes gars qui l'a pris en piéton ?

— T'es marrant, toi. Nos mecs de la SR, quand ils bobinent, ils sont dans le genre jean-baskets. Tu les imagines sur le golf de Hossegor sapés comme ça, en train de filocher un mec qui pousse la baballe ? Et faut payer le green-fee…

— Je les vois d'ici, tes bonshommes. Le cheveu court, la moustache réglementaire, les biceps saillants sous le blouson de toile avec une inscription dans le dos, la boursouflure caractéristique sur la hanche droite, le chewing-gum… Tout le dress-code du pandore en planque.

Ils avaient pas des fougères et des marguerites sur la bâchouse ?

— Tu veux bien arrêter ? J'ai pas fini. Dans l'heure qui suit, la gendarmerie de l'air nous explique que l'avion de Nogues décolle d'Anglet pour aller à Saint-Laurent-du-Médoc, complètement au Nord. À bord, un mec seul, un pilote professionnel, un instructeur nommé Michel Vidal. Un gars correct, sans histoires. Renseignement pris, il a été payé pour convoyer le coucou de Nogues… Et là, on n'y comprend plus rien, on nage. Et maintenant, tu me dis que Nogues est là, en mer, sur le bateau d'à côté en train de gérer une livraison de coke ? Les bras m'en tombent !

— Si ce n'est que les bras… tu t'en remettras.

C'est le moment que Dédé choisit pour faire son apparition. Drapé dans le peignoir de bain de Tovaritch qui lui tombait sur les chevilles et traînait par terre, nageant dans les sandales pointure 48 du même propriétaire, il intervint sur un ton rigolard.

— Ça va bien les filles ? On se raconte sa vie ? Si ça continue, vous allez vous la montrer.

— Va faire la sieste !

— Vous ne pouvez pas vous passer de mes lumières. Dans la gendarmerie, quand un gendarme rit, toute la gendarmerie. Entre un flic de province qui marche à la voile et uniquement lorsqu'il y a du vent et un gendarme natif de l'Ardèche ou de la basse Ariège, vous me faites une drôle d'équipe pour enquêter sur une affaire océanique se déroulant entre le gouf de Capbreton et la Pointe-de-Grave. Mes pauvres enfants… Savez-vous seulement ce qu'est le Gouf de Capbreton ?

— Non, mais en plus, on s'en tape.

— Vous avez peut-être tort. Parce que le Gouf de Capbreton, c'est sacrément poissonneux, et au port de Capbreton, on peut louer de beaux bateaux pour aller faire un coup de pêche… Et mon petit doigt me dit qu'à ce même port de Capbreton, ils ont un Riviera 60 à louer. Après, ils sont pas là pour regarder ce que tu fais avec le bateau quand tu es en mer, si tu vois ce que je veux dire. Tu récupères la poudre de perlimpinpin en haute mer pour éviter de te faire remarquer à Arcachon et tu la débarques à Port Médoc, où personne t'attend. De là, il te reste à rejoindre en bagnole le petit aérodrome de Saint-Laurent-du-Médoc à quarante minutes, et le tour est joué dans une discrétion totale. Et pendant ce temps, les gendarmes font le pied de grue au golf de Capbreton.

Là-dessus, Dédé, impérial, fit demi-tour et réintégra la cabine avant en se grattant distraitement le fondement.

— Je vais faire la sieste. Si vous recommencez à pédaler dans la semoule, n'hésitez pas à venir me consulter. Je suis toujours prêt à aider les cas désespérés.

L'officier de gendarmerie, abasourdi, les yeux hagards, dévisagea longuement Vincent qui lâchait un interminable soupir. Puis, en désignant la porte du poste avant qui venait de se refermer sur Dédé, il bredouilla :

— C'est quoi, ça ?

— Un criminologue internationalement connu à la SNCF et plus particulièrement entre Bordeaux et Poitiers. C'est pour ça que des fois il déraille et que d'autres fois il marche à la vapeur. Quand il ne perd pas un wagon ou deux…

L'officier s'essuya le front et jeta à Vincent un long regard inquiet.

— Faudrait peut-être arrêter de déconner… Imagine-toi que je raconte tout ça au proc'…

Un sous-officier en tenue d'intervention, enjambant le plat-bord d'*Anastasia*, fit brutalement irruption à bord et commença illico un compte rendu à l'attention de l'officier. Vincent et Tovaritch, stupéfaits, échangèrent un regard. Sur le point d'éclater de colère, Vincent préféra interrompre l'intrus en s'adressant à l'officier.

— S'il te plaît, dis à ton archer que je l'autorise à monter à bord. Précise-lui qu'il pourrait me saluer.

— Excuse-le, c'est l'adrénaline… Continuez Brossard.

— Je vous disais : on a investi l'autre bateau. On a arrêté cinq individus, dont le nommé Pierre Nogues et un marin-pêcheur du Médoc. Du Verdon, plus précisément. Il n'arrête pas de gueuler ! Il dit qu'il a été engagé uniquement pour ramener le bateau à Port Médoc et rien d'autre.

— Probable. Et puis ?

— Un gars d'Arcachon, un taiseux. Il dit rien.

— Il doit faire partie de l'équipe de Dubourg, précisa Vincent.

— Et les deux derniers ?

— Ils se disent vénézuéliens. Ce sont des touristes. Ils ne parlent qu'espagnol. Ils disent qu'ils ne comprennent pas ce qui leur arrive et qu'ils sont venus pour voir la Tour Eiffel.

L'officier commenta.

— Ça ne m'étonne pas. Moi non plus, je ne comprends pas ce qui m'arrive. On ne m'a pas tout appris à Coëtquidan[1], ou alors j'ai raté des cours. On aurait peut-

1. Les écoles de Saint-Cyr Coëtquidan (ESCC) : formation administrative de l'Armée de terre.

être dû nous faire des fiches… Brossard ? Avez-vous déjà vu un criminologue des chemins de fer dans un peignoir trop grand ? Non. Eh bien moi, oui. Brossard !

— Je voulais vous dire, mon capitaine. Le plongeur a été sous le bateau des mis en cause. Il a pu dégager les hélices, mais ça n'a pas été facile. On va pouvoir rentrer au moteur et éviter l'utilisation d'une remorque, c'est une bonne chose.

Vincent le détrompa.

— Ça m'étonnerait. Les transmissions ont dû céder.

— Par contre, sous la coque, il a trouvé des choses intéressantes. Un ballot de cocaïne, intact, collé à la coque et coincé dans les cordages. Et sept emballages plastiques transparents déchiquetés, tous marqués au sigle « DIAMANTE ».

— Excellent ! s'enthousiasma l'officier.

Vincent s'en mêla.

— T'as bien entendu. Contre la coque et entre la coque et le cordage : ça a été mis là après l'immobilisation du bateau. Ici, sur place. Et depuis, il n'a pas bougé, sinon les sacs seraient partis. C'est un point important. Ils ont éventré les paquets les uns après les autres pour ne pas qu'ils flottent. Mais dans le lot, il y a des emballages qui n'ont pas coulé ou qui sont remontés sans qu'ils les voient. Bon, c'est pas tout ça… faut qu'on rentre au bercail, nous ! Monsieur l'officier, il faut que tu relèves les coordonnées GPS du coin pour faire des recherches ultérieures au sonar. Ensuite, si tu veux bien rejoindre l'une des embarcations de ta puissante escadre… nous on y va, on s'arrache.

— Non, non, pas question. Attendez ! Je ne peux pas vous laisser partir seuls, sans escorte.

— Et pourquoi donc ? T'as peur qu'on se perde ?

— C'est pas ça, mais… vous êtes des témoins importants.

— Qu'à cela ne tienne, envoie-nous des archers.

Le capitaine réfléchit à haute voix.

— Je peux pas. Il me faut quatre gars sur le Riviera, au moins, le barreur et trois pour surveiller les prisonniers. À moins que je les dispatche sur nos bâtiments… mais c'est pareil, il va me falloir des gars.

Vincent bougonna.

— Écoute, fais comme tu veux mais nous, on s'arrache. En plus, à la maison, Dédé a laissé un couscous sur le feu et le robinet de la baignoire ouvert, faut pas traîner.

L'officier essaya de continuer à comprendre et de guerre lasse, trancha.

— Tant pis, on fait comme ça. C'est moi qui reste avec vous.

Puis il donna ses instructions à Brossard qui rejoignit une des autres embarcations.

54

LA CROISIÈRE S'AMUSE

Vincent mit les moteurs d'*Anastasia* en marche afin de les faire monter en température, puis il appela Andreï qui flirtait sur le pont avec Sophie.

— Viens me faire le point estimé et trace la route retour sur la carte papier.

— T'es dur, Vincent… on parlait de choses sérieuses avec Sophie. Elle veut qu'on se marie, j'y crois pas… je vole.

— La pauvre. Elle est innocente, ou bien elle a le sens du sacrifice et du devoir, c'est une sainte… Bon, de toute façon, pour se marier, il faut commencer par rentrer à la maison. À moins qu'elle ait pensé à amener une robe blanche et les alliances.

Alertée par le bruit des moteurs, Tatiana sortit de sa cabine pour faire irruption torse nu dans la timonerie, suivie de près par Gégé. L'officier fut immédiatement hypnotisé.

Dédé quitta son antre du poste avant, affublé de la casquette de capitaine que les amis avaient offerte à Tovaritch pour son anniversaire. Le couvre-chef bardé de dorures étincelantes avait plusieurs tailles de trop pour le pauvre crâne de Dédé et reposait en équilibre instable et de façon ridicule sur ses oreilles repliées à l'horizontale et sur ses sourcils broussailleux. S'estimant probablement investi d'une autorité nouvelle, il s'imposa immédiatement.

— Mesdames et messieurs, voici votre commandant de bord, Dédé, seul maître à bord après Dieu. Que les passagers se préparent à un appareillage imminent.

Tovaritch fit discrètement part de son inquiétude à Vincent.

— T'es sûr qu'il n'est pas niasqué ?

— Mais non ! Il fait le con. Tu sais bien comment il est. Plus la situation est bizarre, plus il fait le Jacques. C'est sa façon à lui de vivre le stress. Il est très émotif, alors quand ça part en vrille, il se déconnecte, il voit les choses de dehors. Il n'a pas besoin d'anxiolytiques, le Dédé… Et avec tout ça, nous, on n'a rien bu depuis des lustres. Toto, distribue les coupes en plastique, je fais péter une roteuse.

Dédé, qui barrait attentivement, les yeux rivés sur l'océan, commenta.

— On est par 47 degrés nord, mais on peut tout de même célébrer le passage de la ligne, si vous voulez ?

— Et ça consiste en quoi ? demanda l'officier.

— Tu me donnes ton prénom et je t'expliquerai après.

— Moi, c'est Albert.

— Albert… dis-donc, si en te baptisant ta mère a pensé à Einstein, t'es d'accord avec moi qu'elle s'est égarée. Le passage de la ligne, C'est une cérémonie initiatique qui a lieu quand on passe l'équateur en bateau.

Dédé observa la flûte de l'officier.

— T'es déjà à sec, mon pauvre ! Mélissa, ma petite sirène, Albert et moi, on a presque soif. Bref, je reprends. C'est un baptême en forme de bizutage. On fait subir aux novices des épreuves improvisées, on les jette dans la piscine s'il y en a une. On les arrose à la lance à incendie, on les badigeonne de mayonnaise. Neptune, incarné par un ancien, et déguisé comme d'ailleurs tout le monde à bord ce jour-là, inflige des gages aux novices. Il se fait embrasser les pieds ; pour Amphitrite, c'est les fesses qu'il faut embrasser. Et puis c'est la java, la fête. Le novice est fait chevalier des mers, on lui donne un diplôme, il paye à boire… Zéro degré de latitude, t'imagines Albert ? Le pot au noir, la zone intertropicale de convergence, le chaudron météorologique de la planète, le paradis des cumulonimbus… Mais nous, par 47 degrés Nord, avec un cap au 85, la seule chose qu'on risque, c'est de bientôt manquer de champagne. Pas vrai Mélissa ? Refais le niveau de ce pauvre Albert, il est sec comme un raisin de Corinthe qu'aurait passé un week-end d'août dans le grille-pain d'une caserne.

L'officier, l'air absent, semblait avoir renoncé à bien des convictions. Muet, il regardait tour à tour les trois jeunes femmes, écoutait leur conversation, essayait de comprendre les us de ces drôles de créatures qui s'affublaient de sobriquets ridicules.

Dédé, qui aimait tant raconter ses histoires, avait changé de registre. Passant de la carte marine à l'horaire des marées, il déclara après avoir regardé trois fois sa montre :

— Communication du commandant ! Bande de couillons, à cette vitesse, on a plus de deux heures d'avance sur la marée. On va donc mettre en panne devant les passes et on se présentera à la pleine au crépuscule, sachant que les entrées de nuit du Bassin sont délicates et interdites. La mer est plate, ça tombe bien. Mélissa, si tu veux bien nous servir un truc dans le cockpit, Bébert a la pépie. Bébert, demande une veste de quart à Toto, on va faire un tour au jardin et le fond de l'air est frais.

Puis vint le moment de dîner, activité de première importance pour Dédé.

— Qu'est-ce qu'on mange ?

*

Ils dînèrent sagement, parlant de tout et de rien, déjà bien loin de l'affaire Nogues, et bien heureux d'enfin pouvoir penser à autre chose.

Tatiana lança une proposition.

— Si Mélissa m'apprend le piano, si Vincent m'apprend la voile et si Sophie m'apprend le tennis, je vous donne des cours de russe.

— Et pendant ce temps-là, qu'est-ce que deviennent les trois cloportes, Dédé, Toto et Gégé ? demanda Vincent.

Tatiana avait réponse à tout.

— Toto, plus connu sous le nom de Andreï Tovaritch, parle déjà merveilleusement le russe, quoiqu'avec un épouvantable accent moscovite. Gégé, je lui donne des cours individuels de développement personnel, très personnalisés et nocturnes. Quant à Dédé… son cas est assez désespéré. La seule fois qu'il a porté un peu d'intérêt à la langue de Tolstoï, ça a été pour me demander de lui traduire en russe « putain de moine syphilitique ». Alors je considère qu'il est perdu pour la culture russe.

Albert, surpris, questionna Dédé.

— Parce qu'elle parle russe ?

— Elle est russe. Y'a pas si longtemps, elle était membre des services de renseignements russes. Officier du SVR, l'équivalent du « service action » de chez nous. Son job, c'était, entre autres choses, de zigouiller les transfuges, les dissidents et autres opposants. Elle a essayé de nous empoisonner au novitchock.

L'officier ne dit rien mais accusa le coup. Il saisit vivement son verre et le vida cul sec.

Mélissa frappa son assiette du manche de son couteau pour attirer l'attention.

— Prenez chacun vos assiettes et vos couverts, mettez-les en vrac dans l'évier et revenez vous asseoir, c'est le moment !

Tout le monde s'exécuta – y compris l'officier qui, visiblement égaré, se contenta de suivre le mouvement. Quand tout le monde fut assis, Mélissa pointa sa baguette vers le petit nouveau, en se grattant la gorge.

— Bon, monsieur Bébert, qu'est-ce qu'on va faire de toi… Chante avec moi !

De bonne grâce, il s'y essaya, mais sans trop de succès.

— Bon, on va essayer d'en faire un baryton, voire un baryton basse, mais y'a du boulot. Allez, c'est parti.

Colchiques dans les prés, fleurissent, fleurissent,
Colchiques dans les prés, c'est la fin de l'été
La feuille d'automne emportée par le vent,
En rondes monotones, tombant, tourbillonnant

— Toto ! Moins fort, s'il te plaît. Avec ta voix testiculaire, tu fais trembler les hublots d'*Anastasia*.

L'officier commençait à donner d'inquiétants signes de faiblesse. Sans rien demander à personne, il s'allongea sur le canapé du carré en geignant. Dédé, qui avait opté pour l'espièglerie, demanda à Vincent.

— Tu crois que c'est l'altitude ? Un œdème de couic ?

— Quincke, couillon. Et arrête tes conneries, c'est l'heure de prendre les passes. Laisse Bébert se reposer. Vérifie le verrouillage des hublots, la fermeture des placards, assure tout ce qui peut bouger. Je prends le manche, t'es capable de louper la passe, pauvre biturin.

La radio cracha un appel qui fit rire Dédé. Les subordonnés du capitaine sollicitaient des instructions.

— Dis-leur de faire au mieux ! À moins que tu veuilles leur dire que Bébert est défoncé comme un terrain de manœuvres…

— Tais-toi, imbécile. « De *Anastasia*. Le capitaine est atteint d'une naupathie passagère et vous demande de faire comme prévu. »

— « Bien reçu ! »

Puis Vincent se mit en colère.

— Dédé, y'en a marre ! Déjà que tu picoles trop et que c'est pas bien du tout pour ta santé, maintenant voilà t-y pas que tu nous fous un capitaine de gendarmerie en vrac, sur le toit, hors service, carrément tout niqué. C'est pas raisonnable. Tu fais plus jamais ça. Nous sommes en train de restaurer avec la gendarmerie nationale des relations de confiance et d'amitié en vue d'un futur serein et apaisé, et tu nous torches un valeureux capitaine comme s'il s'agissait d'un appelé du contingent du trente-sixième chasseur de hiboux en quartier libre, le dimanche après-midi dans un coin paumé de Meurthe-et-Moselle. Non, c'est pas bien Dédé, pas bien du tout. Il pouvait pas savoir, le pauvre homme qu'avec toi, il tombait dans un traquenard, un truc de fourbe, que t'en as tué plus d'un à ce jeu-là et des plus balaises. Comme ça, tu fais pas peur. C'est vrai, tu ressembles à rien... Mais là, t'as profité lâchement d'un avantage tactique. T'as vraiment aucune pitié.

Dédé penaud, essaya de minimiser.

— Faut pas charrier, il va pas mourir, le traîneur de sabre. Il va avoir quelques grillons dans le caberlot, des abeilles qui vont lui rôder dans les esgourdes, une haleine de légionnaire de retour de permission prolongée, mais il n'est pas puceau non plus, il s'en remettra.

— Tu recommences jamais ça. Allez, on se prépare à prendre la place de ponton. Chacun à son poste.

— Au-delà de la murge, il risque d'avoir des séquelles, le Bébert.

— Quel genre ?

— Imagine-toi qu'il devienne un peu comme nous...

— Dans le genre bande à Velpeau ! Ah non, pauvre homme ! On ne peut souhaiter ça à personne.

55

RETOUR SUR TERRE

Comme à l'habitude, *Anastasia* accosta avec grâce et précision. Les moteurs se turent, Vincent s'étira longuement sans rien dire, puis il bâilla. Tovaritch vint lui serrer la main en souriant. Puis ce fut le tour de Gégé.

— On écrit le mot « fin » ?

— Oui, un *happy end.* Note ça dans le livre de bord avant qu'on l'oublie.

Quelques minutes plus tard, et alors qu'ils rangeaient le matériel de navigation du bateau, Jean, le maître de port, s'approcha encadré par deux gendarmes en uniforme. Il expliqua brièvement en essayant de s'excuser.

— Ces messieurs de la gendarmerie de l'air cherchent à rencontrer Andreï Tovaritch. Comme j'ai entendu à la radio que vous rentriez, je leur ai dit que vous arriviez…

Tovaritch s'avança, obséquieux en diable.

— Que puis-je faire pour vous, messieurs ?

— C'est au sujet de l'aérodrome Villemarie de La Teste et de votre voiture, vous voyez ?

— Tout à fait.

— Vous avez délibérément défoncé le grillage de l'enceinte aéroportuaire, vous avez circulé en voiture et à vive allure sur la piste d'aviation alors qu'un aéronef privé était sur le point de décoller. Ensuite, vous avez pris la fuite sous les yeux du contrôleur de la tour.

— C'est exact, et je suis prêt à m'en expliquer. D'ailleurs, la gendarmerie territoriale vous confirmera en tout point ma déclaration. C'était lors d'une affaire pénible pour laquelle notre intervention a permis d'éviter une issue dramatique. Nous nous sommes portés au secours d'une personne qui avait été enlevée et qui était menacée de mort.

C'est le moment précis que choisit le capitaine pour émerger du carré et prendre part à la conversation.

— Mais qu'est-ce qu'ils foutent là, ces guignols ? Voilà t'y pas que maintenant, la gendarmerie de l'air traîne en milieu aquatique ! Qu'est-ce c'est que ce binz ! Les gonfleurs d'hélice ont comme des envies de faire un tour en pédalo ?

Dédé, se sentant fautif, chercha à calmer le jeu.

— L'écoutez pas... Il est gazé, il déconne.

Les gendarmes, furibards, rebroussèrent chemin en maugréant. Dédé, paternaliste, rassura l'officier.

— Capitaine Bébert, si tu veux bien, Gégé va te ramener chez toi en voiture. Faudrait pas que tu sois atteint par le syndrome de la bande à Velpeau...

— C'est quoi ce truc ?

Dédé leva les yeux au ciel en lâchant un soupir désespéré.

— Une maladie orpheline actuellement étudiée à Bercy, à Saint-Émilion, à Cognac et dans les hospices de Beaune. Tu fais venir le vétérinaire. Il va te diagnostiquer un coup de bambou, un malaise un peu vague ou un de ces trucs bizarres qu'on attrape sous les tropiques. Tu te fais faire un certificat au cas où les deux camarades aillent cafter pour que tu sois couvert. Demain il n'y paraîtra plus. Tu redeviendras un pandore tout neuf, rutilant.

Gégé raccompagna le malheureux officier de gendarmerie chez lui. Puis Tovaritch ferma soigneusement *Anastasia*.

— On n'oublie rien ? À six dans le Cayenne, on va être serrés !

Alors que la voiture s'éloignait lentement du port, les passants, interloqués pouvaient entendre par les vitres entrouvertes :

Colchiques dans les prés fleurissent, fleurissent
Colchiques dans les prés, c'est la fin de l'été.

FIN

DÉJÀ PARUS DANS LA COLLECTION SO NOIR

1

2

3

4

5

6

7

8

9

10

11

12

13

14

15

Imprimé en France par CPI
en mars 2021

Dépôt légal : mars 2021
N° d'impression : 162944